MELOCOTÓN EN ALMÍBAR

NINETTE Y UN SEÑOR DE MURCIA

—

NINETTE Y UN SEÑOR DE MURCIA

LITERATURA

ESPASA CALPE

MIGUEL MIHURA

MELOCOTÓN EN ALMÍBAR
—
NINETTE Y UN SEÑOR DE MURCIA

Prólogo
Antonio Mingote

COLECCIÓN AUSTRAL

ESPASA CALPE

Primera edición: 9-IX-1974
Undécima edición: 6-IX-1993

© *Herederos de Miguel Mihura Santos, 1958, 1964*
© *De esta edición: Espasa Calpe, S. A., Madrid, 1974*
—

Maqueta de cubierta: Enric Satué
—

Depósito legal: M. 23.737—1993
ISBN 84—239—7277—1

Impreso en España/Printed in Spain
Impresión: Gaez, S. A.

Editorial Espasa Calpe, S. A.
Carretera de Irún, km. 12,200. 28049 Madrid

ÍNDICE

PRÓLOGO

DOS COMEDIAS DE MIHURA

Hablaba Miguel Mihura con un incofundible deje madrileño que él había enriquecido con su especial cadencia, una peculiar lentitud en la emisión de cada palabra, como dándose tiempo para dejar caer el acento en la sílaba justa.

—Pues yo no sé... Ahora dicen que soy un renovador. Pero yo no he querido renovar nada, hombre, yo sólo he querido hacer lo que se ha hecho siempre en el teatro cómico, una cosa divertida, vamos, lo que ha hecho todo el mundo que ha hecho eso, hombre.

Queriendo hacer lo que todo el mundo, hombre, escribió *Tres sombreros de copa,* su primera comedia conocida (1932) y su originalidad dejó estupefactos a los empresarios que tardaron veinte años en estrenarla. Y eso, porque ya se había puesto en escena por algún grupo universitario o de cámara, y parece que la cosa les había gustado a los jóvenes, que son los que luego, de mayores, van al teatro con su señora, que hay que pensar en el futuro, hombre.

Efectivamente, *Tres sombreros de copa* gustó mucho a los jóvenes y, afortunadamente, también a los señores mayores, aunque sólo a los señores mayores acusados de liviandad por sus tías Asunciones. Tenía Mihura una especial manía a las tías Asunciones, «que hicieron de nosotros unos niños tristes, tímidos y cursis», y proclamó su intención de fastidiarlas todo lo posible. No es descabellado suponer que escribiera su primera comedia con el propósito de incordiar a todas las tías Asunciones. Y que fueran ellas, claro está, las que retrasaron el estreno tanto tiempo.

Entre las varias razones que tengo para sentirme afortunado, una de las primeras es haber admirado antes, conocido luego y ser amigo después de los que López Rubio llamó «la otra generación del 27», Jardiel, Mihura, Tono, Neville, Herreros y el mismo López Rubio, los que levantaron ese monumento de talento, gracia y oportunidad que fue *La Codorniz.*

Seres extraordinarios, de una genialidad que, si no se manifestó más caudalosamente, fue porque ellos, nietos de la *Belle Époque,* antes querían vivir que demostrar lo listos que eran.

Escribe Mihura:

«¿Qué es mejor... tener éxito y ganar dinero o reírse de los que tienen éxito y ganan dinero y se ven obligados a sostener este éxito a pulso, como una pesada barra de hierro, para que no se les venga abajo y les dé en mitad de la cabeza?

Yo, de momento, pienso que es mucho mejor ver pasar el tren desde la pradera, como las vacas...», etc.

Miguel Mihura es, antes que nada, un poeta, y sólo como el altísimo poeta que es ha podido elevar su humor a la altura en que se encuentra.

Él y sus compañeros de generación están constantemente en mi recuerdo. (Esa debe ser, me figuro, la razón por la que se me ha pedido este prólogo a mí, que no soy erudito ni crítico ni siquiera subsecretario.)

Recuerdo algunas de mis conversaciones con Miguel.

—Yo no he tenido nunca un gran éxito como el de Joaquín. (Joaquín Calvo Soltelo había estrenado *La muralla* en 1954 con éxito grande.) Mis comedias las ha visto regular de gente, han tenido regular de éxito y he ganado regular de dinero.

Poco después le llegó por fin el éxito grande con *Maribel y la extraña familia*. Y a continuación, uno tras otro, incluso el de *Tres sombreros de copa* en sus numerosas reposiciones.

Le decía a Santiago Córdoba en una entrevista publicada en *ABC* (1962), cuando ya era un autor consagrado:

«Puedo asegurarte que en mi larga vida de dibujante, periodista, guionista, escritor y autor teatral nada me ha sido servido en bandeja de plata. Y tengo la impresión de que no he recibido ni cien gramos más ni cien gramos menos de aquello que realmente merecía. Esta justicia en el peso me llena de satisfacción.»

No había en él la menor sombra de resentimiento. A él le había bastado siempre ver pasar el tren desde la pradera. O ver pasar a las chicas de *Chicote* camino de la barra, a la hora del aperitivo, y reírse con los amigos que, esos sí, todos le reconocían su enorme talento.

«MELOCOTÓN EN ALMÍBAR»

Una noche de verano de 1958, en Recoletos, terraza del *Gijón,* pidió que alguien le orientara sobre el lenguaje de las monjas, alguna frase característica, porque estaba escribiendo una comedia con monja de protagonista.

Una de las contertulias, ex alumna de las teresianas, le sugirió:

—Quien a Dios tiene, nada le falta; sólo Dios basta.

Tomó nota Miguel de la jaculatoria. La incluyó en la comedia. Así, sin él saberlo, se adjudicó a Santa Teresa como colaboradora de MELOCOTÓN EN ALMÍBAR.

No muchos días después le pregunté:

—¿Cómo va tu comedia, maestro?

—Ya la he terminado. Ahora le estoy quitando los chistes.

Quitar los chistes, aumentar el riesgo del ejercicio, exigirse rigor en el planteamiento, interés en las situaciones, agudeza en la réplica, teatro limpio y verdadero. O sea, lo que, según él, hacía todo el mundo que hacía eso, hombre.

En MELOCOTÓN EN ALMÍBAR aparece una monja tópica como monja y tópica como detective, es decir, un personaje extraordinario. Una de las lecturas favoritas de Miguel eran las novelas policíacas. El comisario San Antonio era por entonces su último descubrimiento.

Esta familiaridad con lo policíaco le permite hacer en ésta y otras comedias una caricatura convincente del género. (Aquel inolvidable policía londinense de *Carlota* que saca del bolsillo una taza de té con té). Consigue también la caricatura, tan repetida, de las putillas. No de las grandes putas, las suntuosas zorras, menos merecedoras de su atención.

Junto a sor María, la monja, una chica de «vida alegre», Nuria, la «tanguista» *profesión honesta* dice ella que es—, una de esas criaturas favoritas de Mihura, las tiernas putillas, siempre suspirantes y siempre un poco tontas. Tipos que ya le sirvieron de inspiración en algunos escritos de

Gutiérrez, permanente caricatura de las chicas que pobla-
ban la barra de *Chicote* su cuartel preferido, su refugio de
muchas horas de tantos días. «Yo había decidido nacer en
Madrid porque pensé que era el sitio que me cogía más
cerca de *Chicote*», dice en sus memorias.

Más que una propensión a la vida golfa, el constante interés de Miguel por esas criaturas se debe a saberlas inde-
fensas, vulnerables, cándidas en el fondo y pocas veces felices.

Siente el autor hacia la zorrilla de su obra una cierta ter-
nura que traslada, es inevitable, a sor María, la cual «mira a
la chica con una sonrisa candorosa y tierna». Lamenta Nuria que su amante le haya engañado con promesas: «No
tendrás que hacer el perro por las noches —le había dicho—, ni pisar más pistas de baile ni beber explosivos ni
pescar jaquecas con el cha-cha-cha (estamos, recuerde, en
1958). Justo las palabras que yo quería oír desde hacía mucho tiempo...» Se confiesa la chica con la monja, y sor María comprende y la perdona y no desconfía de convertirla,
lo que podría ocurrir si la comedia tuviera un acto más o si
M.M. hubiera escrito otra comedia para eso, cosa que ja-
más le pudo pasar por la cabeza porque el humor, dijo él
mismo, es «comprender que todo tiene un revés, que todas
las cosas pueden ser de otra manera, sin que dejen de ser
tal como son, porque esto es pecado y pedantería».

Parece que en el teatro de Mihura sólo hubiera mujeres.
Son las mujeres los personajes que se recuerdan, las que
ponen en marcha el argumento, las que animan los diálo-
gos. Sin las mujeres las comedias de Mihura no serían po-
sibles; y los hombres, como el Dionisio de *Tres sombreros*,
como el Andrés de NINETTE, se quedarían en nada, en

unos seres grises y aburridos cuyas peripecias nos importarían un pimiento. Quienes ponen la gracia, el interés, la salsa, el donaire, el enredo y sujetan al espectador en la butaca a ver en qué queda eso, son las mujeres.

La tercera mujer de esa comedia es doña Pilar, la señora gorda (más o menos gorda, pero siempre muy señora de su casa y sus labores), madura, tontaina, charlatana. Mujer inevitable también en los compañeros de generación. Es la señora que en Neville recuerda la veneración de sus abuelos por el queso: «Mis abuelos queso, queso y queso. ¡Que no falte el queso! ¡Que el queso es la salud! y por eso en mi casa nunca falta el queso.» La misma señora de Tono que cuando le preguntan por qué no se pueden pedir peras al olmo dice que porque cree que está prohibido. La gorda que en el chiste de Herreros pregunta: «¿Doscientas pesetas por esta radiografía? ¡Pero si es todo hueso!», etc.

Doña Pilar es en MELOCOTÓN la que hace el único chiste que se le escapó al autor en el espulgue, lo que indica el destino servil del personaje: «Es un médico buenísimo y de toda mi confianza. Cuando se murió mi marido fue él quien lo curó.» Y aún hace otro medio chiste más adelante —ella está para eso—, cuando habla de alguien que se compró un pijama hace cincuenta años: «Si no se ponen, duran mucho.» Una inevitable concensión al viejo estilo.

Sor María es una emanación de la debilidad de Mihura por las novelas policíacas; es una detective aficionada humilde, como corresponde a su condición —«si yo no sé nada, pobrecita de mí»—, que lo observa todo, todo lo deduce, se entera de todo y —aquí el toque monjil— se queda con todo, el tapetito, las joyas, el dinero y, si el empre-

sario se descuida, la taquilla del teatro. «Con la falta que
está haciendo en el convento... para nuestros pobres ancia-
nitos... la querida madre superiora lo agradecerá...»

Tiene la comedia una perfecta mecánica de suspense;
cuando parece que la detective lo sabe todo y lo cuenta,
sus deducciones son equivocadas, sus pistas falsas. ¿Pero
es realmente así? Se ríe la banda —y también el público—
de los «descubrimientos» de la monja, y es a partir de aquí
cuando se aclara todo, los delincuentes quedan burlados y
la justicia resplandece.

No faltan las notas de actualidad que sitúan la comedia
en la época en que se escribió, algún apunte crítico, por
mucho que Mihura haya prodigado sus protestas de ino-
cencia asegurando que él sólo quiere contar mentiras sin
malicia y hablar del huevo frito. Cuando el supuesto venezolano, jefe de la banda de atracadores, pretende que se
vaya la monja meticona y la sustituyan por un practicante,
«estamos en España —le arguye doña Pilar— y eso que usted dice no se puede hacer en España. Así que si les han
mandado a ustedes una monja se tienen ustedes que chinchar con la monja. ¿Entendido?»

Esto parece una manifestación de protesta, no épica, por
supuesto, sólo humorística, o sea, mucho peor, de la falta
de libertad. A lo que se añade un cierto pitorreo sobre
la pacatería oficial: «Lo que pasa es que no son creyentes
—dice sor María refiriéndose a la banda— y al no ser creyentes ocurren estas cosas que aprenden en las películas.
Inmoralidades y nada más que inmoralidades. Y todavía
hay quien protesta porque dicen que cortan los besos en
las películas... Pues si no los cortasen no sé dónde íbamos
a parar.»

Y en otra ocasión se tacha de inmoral un bolero de Lucho Gatica.

Lo cual se podía decir en 1958 sin que nadie se asombrara. Aunque muchos, por supuesto, nos riéramos.

«NINETTE Y UN SEÑOR DE MURCIA»

El teatro de Mihura no se acabará de entender en su transparente complejidad si no se acepta que:

A)   Mihura es un poeta.

B)   El mundo de Mihura ya no existe.

Si se pretende comprender, disfrutar la obra de Mihura pensando que es un humorista contemporáneo, el espectador distraído y superficial (o sea, la mayoría de los espectadores) se aburrirían poco menos que visitando una ermita románica y poco más que leyendo *El Criticón*; cosas ambas, la ermita y el libro, que pueden proporcionar placer a quien las aborde con la necesaria perspectiva.

Miguel Mihura es un poeta de la antigüedad. (Nuestra época, la contemporaneidad, llegó cuando hacía tiempo que Miguel ya no estaba.) Y como tal poeta antiguo hay que disfrutarlo. Como se disfruta a Shakespeare.

El protagonista de NINETTE, como los de varias de sus obras, es un hombre soltero, naturaleza y situación que el autor tenía dominadas; y provinciano, visto con la óptica caricaturesca del hombre de la capital que disfruta siéndolo. Andrés, el protagonista de la comedia, dice de sí mismo que su vida amorosa «ha sido poco intensa. No porque yo tenga una marcada tendencia a la castidad, sino porque en Murcia, como en cualquier capital de provincia, siendo soltero, no se presentan demasiadas ocasiones de demostrar que se es hombre, a no ser que se líe uno a bofetadas con el camarero de un café».

Es decir, un soltero de provincias de la antigüedad.

La protagonista, Ninette, más intemporal, es exactamente la mujer que Mihura habría deseado conocer y probablemente amar; sin recatos ni ñoñeces, libre, espontánea... Francesa como se imagina un madrileño de 1964 que debe de ser una francesa: una mujer que no se pareciera a las españolas antiguas que «aparte de quitarse y ponerse corsés... —dice en sus memorias Miguel de las solteras contemporáneas de su tía Asunción— se tenían que dedicar a hacer natillas desde la mañana a la noche, pues en aquellos tiempos las señoritas que no sabían hacer natillas no sólo no podían contraer matrimonio sino que eran consideradas como mujeres de vida licenciosa».

Ninette deslumbra al de Murcia como Mihura habría querido ser deslumbrado. Dice la chica: «Los hombres son necesarios; los novios, no.» Es una mujer libre al gusto español: «... hay libertad, desde luego, y las chicas francesas podemos hacer lo que queramos. Lo que pasa es que no queremos». Luego, cuando por fin seduce a Andrés y le pide que la bese porque «estamos en París, vamos, decídase, *voyons*...» y se deja llevar en brazos a la cama exclamando *«¡Ah! Ça c'est Paris, monsieur»* parece que por fin el provinciano va a disfrutar del amable relajo francés. Y lo disfruta. Aunque no parece tan relajo cuando sabemos que aquélla es para Ninette la primera vez. La chica es la mujer ideal, alegre, desinhibida, complaciente. Pero virgen. Y por si fuera poco, enamorada.

Claro que Andrés sucumbe ante tamaño ideal. Una mujer francesa, pero a la española. Como las películas dobladas, que son las que gustan.

Entre las mujeres de la larga serie de mujeres de sus comedias, Ninette es, me parece, en la que Mihura ha puesto más invención, y su favorita. Tanto, que es la única que merece una segunda comedia: *Ninette, modas de París*, escrita poco después del éxito de la primera.

Es NINETTE Y UN SEÑOR DE MURCIA una espléndida caricatura de la vida española, más regocijante por ser una caricatura de la vida española que viven unos españoles en París. Y más patética porque los españoles que están viviendo una vida española en París creen estar viviendo una vida parisina en Francia.

Armando, un tipo dibujado de mano maestra, pesimista y sombrón, que nunca se ríe, tacaño, rutinario y protestón, que no entiende París, donde vive desde hace años, le replica a Andrés, que se queja de que su habitación es interior: «¿Y qué querías? ¿Un balcón como en Murcia para asomarte a ver la procesión?»

Más adelante un destello del viejo codornicismo al que Mihura nunca quiere renunciar del todo:

«NINETTE.—Un día, en un periódico español y en la sección de sucesos, leí lo siguiente: "Se le ha impuesto una multa de cincuenta pesetas a Javier Aguirreche por haberse sentado encima de una señorita que estaba tomando una gaseosa en la terraza de un café."

ANDRÉS.—Bueno es que eso es natural...

NINETTE.—¡Oh, no señor! Porque luego añadía: "Javier Aguirreche cuenta dos años de edad y es sobrino de la referida señorita." ¿Es posible esto?

ANDRÉS.—Pues no me extrañaría...»

Se queja Andrés de que el padre de Ninette, rojo declarado, le dé la lata hablándole del plan quinquenal de Lenin.

«NINETTE.—Si no le contradices, en seguida se irá. Porque a él, como a todos los revolucionarios, lo que le gusta es discutir. Pero si no le llevas la contraria se aburre y se va.»

Lo cual, por cierto, sucede inmediatamente.

Comentando Andrés con su amigo Armando el contraste entre la decencia de los españoles exiliados y su obstinación en las ideas revolucionarias:

«ARMANDO.—Tienen esas ideas para el problema agrario. Pero en lo demás son terribles. ¿Tú has estado en Vitoria? Pues como allí.»

Por cierto, el escaso interés, lindante con la inopia, de Mihura por la política, se pone de manifiesto cuando une en la devoción del republicano exiliado a Lenin y Lerroux. A no ser que pretendiera llevar al extravagante revolucionario hasta el colmo de la extravagancia.

La mentalidad y la conducta de Ninette provocan el lamento de su padre, el revolucionario lerrouxista-leninista:

«PEDRO.—Ya es desgracia, esto, señor... De Cangas de Onís y resulta que ahora, a mi edad, me ha salido una hija extranjera.»

Con la esperanza de que la situación se resuelva, por supuesto a su favor, Andrés invoca... «pero ¿y la política?»

«PEDRO.—Mire usted, en esto de la política, como en todo, lo que hay que hacer es aguantarse. Y hay que olvidar la política cuando se trata de una hija.

ARMANDO.—Sí señor.»

Al final, embarazada Ninette, a la que ama, Andrés se tiene que casar con ella, porque sus padres, los rojos, «aunque afincados en Francia y con ideas marxistas, eran rabiosamente españoles para estas cosas del amor».

Tan rabiosamente españoles como el propio Andrés: «...si me casaba ya no podía contar en Murcia, en el casino, mi aventura con Ninette, cosa que me hacía bastante ilusión.»

Es NINETTE sin duda, una de las mejores comedias de su autor. Y tal vez, desde el punto de vista de la mecánica teatral, la mejor. Es asombrosa la habilidad con que al protagonista, que ha llegado a París dispuesto a disfrutar de los encantos de la capital, se le mantiene sin salir del apartamento durante toda la comedia, días y semanas.

Le sujeta en la casa el encanto y el amor de Ninette, claro está, pero además los trucos, peripecias, fingimientos y lances urdidos por el autor con ingenio extraordinario.

Al final, con todo resuelto, cuando parece que Andrés tendrá ocasión, ya dispuesto el equipaje, de ver París, de pasear con Ninette antes de volver a Murcia, la chica lo retiene de nuevo hablándole en un francés que el no comprende.

«ANDRÉS.—No te comprendo una palabra pero me gustas, me gustas cuando hablas en francés.»

Y a cambio de disfrutar por última vez de la habitación donde han sido felices los dos y de donde saldrán directamente a la estación, sin tiempo ya para otra cosa, Andrés se queda, definitivamente, sin ver París.

«NINETTE.—*Toujours, mon amour, si tu veux, je parlerai français por toi...*

> (ANDRÉS, *al pasar bailando cerca de la ventana, mira la calle de París por última vez.* NINETTE *le va llevando hacia la habitación de la derecha.*)

ANDRÉS.—¿Qué decías?

NINETTE.—Decía que ni en español ni en francés, tú nunca me comprenderás del todo... Pero no importa, porque de todos modos, *je t'aime...*

ANDRÉS.—Y yo...

NINETTE.—*Je t'aime...*

ANDRÉS.—Y yo...

NINETTE.—*Je t'aime...*

ANDRÉS.—Y yo...

> *(Y siempre bailando con la música del acordeón, entran en la habitación de la derecha y cierran la puerta mientras va cayendo el* TELÓN.*)»*

Y fin del prólogo.

A. MINGOTE.

MELOCOTÓN EN ALMÍBAR
COMEDIA EN DOS ACTOS, Y UN PRÓLOGO

Esta comedia se estrenó en el Teatro Infanta Isabel, de Madrid, la noche del 20 de noviembre de 1958

PERSONAJES

Sor María
Nuria
Doña Pilar
Suárez
Carlos
Federico
Cosme («El Nene»)

Época actual

PRÓLOGO

Estamos en el gabinete, recibimiento o cuarto de estar de uno de esos pisos que se alquilan amueblados en Madrid por tres o cuatro mil pesetas mensuales. Posiblemente fuese un piso mono hace varios años, pero ahora está todo un poco deslucido por el uso y mal trato que le han ido dando los diferentes inquilinos. En el lateral izquierda hay una terraza que está en alto y a la que se sube utilizando uno o dos escalones. En esta terraza, que es practicable, hay unos cuantos tiestos con flores y un toldo descolorido por el sol. Tras la balaustrada o pretil, forillo de cielo. A continuación de la terraza, en el lado izquierdo, una puerta que comunica con una alcoba. En el foro, la puerta de entrada al piso con su correspondiente forillo de escalera. A la derecha, en primer término, entrada a un pasillo que se supone comunica con las demás habitaciones. Un sofá, una mesita y unas butacas forman grupo junto a la terraza. Una especie de mueble-bar en el paño del foro. Repartidos por el resto de la escena, otros muebles

(*Al levantarse el telón, la escena está sola y a oscuras. Se abre la puerta de entrada al piso, por la que penetra la luz del descansillo. La silueta de* NURIA

se recorta en la puerta, mientras busca,
dentro, el conmutador de la luz. Encien-
de, mientras se vuelve al descansillo y
dice en voz baja.)

NURIA.—¡Vamos! ¡Entra! *(Entra* COSME, «EL NENE», *y*
NURIA *cierra la puerta.* NURIA *es una mujer de unos vein-*
ticinco años. Trae un pequeño maletín en la mano y viste
un sencillo traje de viaje, muy veraniego, pues estamos en
Madrid, en agosto, y el calor es agobiante. «EL NENE» *pue-*
de representar sesenta y cinco años. Trae otro pequeño ma-
letín en la mano y da muestras de profundo cansancio. Con
dificultad, llega hasta una butaca, donde cae rendido y
respirando fatigosamente. Mientras tanto, NURIA *coge un*
periódico que hay tirado en el suelo, junto a la puerta de
entrada, y lo lleva a la mesita baja que hay al lado del
sofá. Deja su maletín sobre una butaca y extiende el pe-
riódico, abierto, sobre la mesa.) ¿Estás mejor?

COSME.—Estoy fatal.

NURIA.—¡Estúpido!

(NURIA, *una vez extendido el periódico*
sobre la mesa, va a la terraza, descorre
las cortinas y abre los cristales.)

COSME.—Has hecho bien en abrir, Nuria... Estoy su-
dando a chorros. Debe ser la fiebre...

NURIA.—¡Calla de una vez! ¿Quieres?

COSME.—Sí... (NURIA *se asoma a la terraza y mira a un*
lado y a otro. Después entra, coge uno de los tiestos y
vuelve con él y lo pone sobre el periódico. Con la mano
empieza a sacar tierra de este tiesto.) ¿Por qué tardan ésos?

NURIA.—Tienen que sacar las maletas del coche.

COSME.—*(Intranquilo. Desconfiando.)* No. Ya las habían sacado cuando entramos nosotros...

NURIA.—Pero el ascensor está estropeado y tienen que subir andando, como tú y como yo...

COSME.—De todos modos, tardan mucho... ¿Por qué se quedaron hablando con el sereno?

NURIA.—¿Pero no puedes estar callado?

COSME.—Sí. Ya me callo. Es que estoy nervioso, caramba. *(Suena el timbre de la puerta.* COSME *se levanta asustado.)* ¡Han llamado!

NURIA.—Sí.

COSME.—¿Quién puede ser?

NURIA.—¿Quién quieres que sea?

> *(*NURIA *deja su trabajo y va a abrir. Entra* FEDERICO. *Unos treinta y cinco años. Trae una maleta en la mano.* NURIA *vuelve a lo suyo.* FEDERICO *deja la maleta en el suelo. Se quita la americana y el sombrero, que deja en cualquier sitio. Se limpia el sudor y mira a* COSME, *que ya se ha vuelto a sentar más tranquilo.)*

FEDERICO.—¿Cómo sigues?

COSME.—Muy malo, Federico. Estoy que no me tengo.

FEDERICO.—¡Así reventaras de una vez! *(A* NURIA.*)* ¿Y tú? ¿Has dado un vistazo por el piso?

NURIA.—Aún no.

FEDERICO.—Mira en esa alcoba, mientras yo doy una vuelta por las demás habitaciones... ¿No comprendes que puede haber entrado alguien?

NURIA.—¿Quién quieres que haya entrado?

FEDERICO.—¡Calla!

NURIA.—Sí... *(Abre la puerta de la izquierda y mira.)* Nadie.

(NURIA *vuelve junto a la mesita y sigue
sacando la tierra del tiesto. Y* FEDERICO
*coge la maleta y hace mutis por la dere-
cha, al mismo tiempo que entra* CARLOS
*por la puerta del foro, puerta que cierra
echando el cerrojo de seguridad.* CARLOS
*puede tener unos cuarenta y cinco años.
Trae otra maleta y un termo, que deja
también sobre un sitio cualquiera. Se
quita la americana y el sombrero, vuelve
a coger el termo y se sienta en el sofá.
Hay una pausa en la que se oye la respiración fatigosa de* COSME. FEDERICO
*entra por la derecha, ya sin la maleta,
pero con una botella de coñac en la
mano, y se sienta en otra butaca.*)

NURIA.—*(Por la faena que ha hecho en el tiesto.)* Esto
ya está listo.

CARLOS.—Bueno. No hay prisa.

NURIA.—Tú mandas. *(Y se sienta también. Otro silencio.* NURIA *parece escuchar algo. Se levanta.)* ¿Oís?

LOS TRES.—*(Sobresaltados, se ponen en pie.)* ¿Qué?

NURIA.—*(Con pena. Maternal.)* Está llorando un niño...
                              (Todos se vuelven a sentar.)

CARLOS.—¡Ah, sí!

NURIA.—Debe de ser de la casa de enfrente. El pobrecito, con el calor, no podrá dormir en su cunita...

FEDERICO.—¿Quieres callar, estúpida?

NURIA.—Sí. Lo que tú quieras...

                              (Otro silencio. FEDERICO *bebe un trago
                              de la botella.)*

CARLOS.—¡En fin! ¡Ya estamos en casita! Otra vez en Madrid, con mi hermanito Cosme, que está acatarrado... Con mi sobrina Nuria, que cuida los tiestos y escucha a los niños que lloran..., y con el esposo de mi sobrinita, que bebe sus dosis de coñac... ¡Qué risa!, ¿eh? ¿No es para morirse de risa?

> (Y se ríe de un modo nervioso e irritante. Todos le miran sin darle importancia, como si ya estuvieran acostumbrados a estas crisis.)

NURIA.—Dale el chicle, Fede.

> (FEDERICO saca del bolsillo de su camisa una tableta de chicle, que le da a CARLOS.)

FEDERICO.—Toma.

CARLOS.—Gracias. (Y se mete el chicle en la boca y ya no se ríe. Mastica. Mira a COSME.) ¿Cómo estás, «Nene»?

COSME.—Muy malo. Estoy que no me tengo.

CARLOS.—Lo siento, «Nene». La próxima vez no podremos salir de excursión contigo. Te compraré una muñeca y te quedarás jugando en casita.

NURIA.—(Recitando, burlona.) ¡Una muñeca vestida de azul, con su camisita y su canesú...!

COSME.—(Enfadado.) ¡Una muñeca vestida de narices!

FEDERICO.—¡No hables fuerte!

CARLOS.—Podemos hablar como nos dé la gana. Los vecinos de al lado están de veraneo. Y los de abajo se han marchado anteayer.

NURIA.—¿Cómo lo sabes?

CARLOS.—El sereno me lo ha contado.

NURIA.—¿No se extrañó de que hayamos regresado tan pronto?

CARLOS.—Le he dicho que hemos tenido que volver por la enfermedad de tu papá...

FEDERICO.—¿Y la dueña del piso? ¿Se ha ido?

CARLOS.—Ésa no veranea.

NURIA.—Para fisgar...

CARLOS.—Que fisgue lo que quiera. Es inofensiva.

FEDERICO.—No hay que fiarse de nadie...

CARLOS.—Conozco el mundo mejor que vosotros... He trabajado en América, en Londres, en París... ¡Si yo os contara!

COSME.—No nos cuentes nada... Yo me encuentro malísimo...

FEDERICO.—Pues acuéstate y déjanos en paz...

COSME.—¿Por qué me tratáis así? ¿Es que uno no tiene derecho a acatarrarse?

CARLOS.—¡Cuando estamos trabajando, no! Y resulta que siempre que vamos a atracar, vas y te acatarras...

COSME.—¡Eso no es verdad!

FEDERICO.—¡Sí es verdad! ¡La última vez te pasó lo mismo!

COSME.—No fue la última vez. Eso fue hace un año en Marsella. Cuando lo del Banco Naviero.

CARLOS.—Es lo mismo, «Nene». El caso es que estuvimos a punto de fallar el golpe porque estornudaste y te oyó el cajero...

COSME.—Me oyó el cajero porque era un cotilla.

CARLOS.—Por lo que fuera, pero te oyó. Y ahora, ya lo ves. Casi pasa igual...

COSME.—Y ¿qué culpa tengo yo de que cambiase el tiempo en Burgos? Salimos de Madrid con un calor de chicharrera y allí se levantó un frío de tres mil diablos.

CARLOS.—El caso es que no hay atraco sin que tú estornudes, y así no hay quien trabaje tranquilo.

NURIA.—¿Y el viaje que nos ha dado? ¡Jolín! ¡Venga a toser y venga a quejarse! ¡Venga a quejarse y venga a toser!

COSME.—Debéis perdonarme. Estoy muy malo. Tengo tiritera...

NURIA.—¿Has tomado las aspirinas que te compré allí?

COSME.—Sí. Tomé dos.

NURIA.—Pues acuéstate y toma otra.

CARLOS.—Espera un poco. Antes vamos a sacar esto y a charlar un rato. *(Destapa el termo y saca de dentro un pañuelo, que extiende sobre el sofá. Después vuelca el termo sobre el pañuelo. Caen varias alhajas.)* A pesar de todo, la cosa ha ido bien y el golpe ha salido redondo.

FEDERICO.—Pero éste estornudó y se le cayó el pañuelo con el que se tapaba la cara. Pueden reconocerle.

CARLOS.—No hay cuidado. Cuando se le cayó el pañuelo, ya el joyero estaba sin sentido.

NURIA.—¿Estás seguro?

CARLOS.—Seguro. Por esa parte podemos estar tranquilos. «El Nene» en su trabajo, se ha portado bien.

COSME.—Gracias, Carlos. Es que pongo ilusión.

CARLOS.—Todos nos hemos portado bien, y aquí está el resultado. *(Por las joyas, que todos se han levantado a contemplar.)* ¿Eh? ¿Qué os parece?

NURIA.—¿Cuánto calculas?

CARLOS.—Lo que pensamos. Cerca del millón.

COSME.—¿Y «El Duque»? ¿Se quedó con algo?

CARLOS.—Con el diamante, para no tener juntos el lote. Entre los cinco repartiremos más de millón y medio.

FEDERICO.—No está mal.

CARLOS.—¿Que no está mal? ¿Qué ganabas tú de camarero? ¿Y tú, «Nene», en Pamplona, con tu viejo «taxi»? ¿Y tú, de tanguista?

NURIA.—¿Qué importa lo que ganase, si tenía una profesión honesta?

FEDERICO.—¡Calla, idiota!

NURIA.—¿Por qué he de callarme? ¿Es que no es verdad?

CARLOS.—¡Calla y dame el plástico! (NURIA *ha sacado antes una bolsita de plástico de su maletín y ahora se la da a* CARLOS. CARLOS *guarda las joyas en la bolsita y se levanta y la esconde dentro del tiesto. Y dice a* NURIA:) Vuelve a echar la tierra por encima...

NURIA.—Sí.

(Y hace lo que le han dicho.)

CARLOS.—Y ahora las consignas, y a atar cabos. (*A* FEDERICO.) ¿Tu pistola?

FEDERICO.—Ya la he escondido en su sitio. En el dormitorio.

CARLOS.—¿De verdad?

FEDERICO.—Pues claro.

CARLOS.—(*A* COSME.) ¿Y la tuya?

COSME.—*(La saca del bolsillo interior de su chaqueta.)* Aquí está.

CARLOS.—Escóndela también...

COSME.—¿En la butaca?

CARLOS.—De momento, vale.

(COSME *esconde su pistola en el hueco que queda entre el asiento y los brazos de la butaca.* FEDERICO *saca unos guantes del bolsillo del pantalón.)*

FEDERICO.—¿Los guantes?

CARLOS.—Son normales, como los míos. No hay por qué esconderlos.

COSME.—*(Saca otros del bolsillo de la americana.)* ¿Y éstos?

CARLOS.—Son ya muchos guantes. Escóndelos tú...

COSME.—*(Señala otro rincón de la butaca.)* ¿Aquí?

CARLOS.—El caso es no moverte, ¿verdad?

COSME.—¡Me encuentro tan cansado!
            (Y esconde los guantes en la butaca.)

NURIA.—Ya está listo el tiesto.

CARLOS.—Colócalo en la terraza, entre los demás.
            (NURIA saca el tiesto a la terraza.)

NURIA.—¿Aquí está bien?

CARLOS.—Ahí vale. (NURIA *coge el periódico y lo sacude también en la terraza. Después lo deja en su sitio, doblado.)* ¿Nada de particular en las maletas?

COSME.—Nada.

FEDERICO.—Nada.

NURIA.—Lo que llevé es lo que traigo.

CARLOS.—¿Las herramientas?

FEDERICO.—En el coche, con las demás.

CARLOS.—¿El cloroformo?

FEDERICO.—Lo tiré en Aranjuez, en una acequia.

CARLOS.—¿La gitana?

NURIA.—Encerrada con llave en el armario.

CARLOS.—Ahora puntualicemos... Ante todo, debemos estar tranquilos.

COSME.—En lo que cabe, claro.

CARLOS.—En lo que cabe, pero tranquilos. Ningún hilo ha fallado y «El Duque» está contento. Esto quiere decir que no hay peligro. (*A* FEDERICO.) ¿Cuánto tiempo calculas que le durará al joyero el efecto del golpe?

FEDERICO.—Tres horas o cuatro. Le di fuerte en la nuca.

CARLOS.—Bien. La operación fue a las ocho, cuando estaban cerrando. Normalmente el tipo se queda solo en la joyería hasta las diez y media. En su casa, por tanto, no se empezarán a alarmar hasta eso de las once. Total, que hasta esa hora no descubrirán nada.

FEDERICO.—Como estaba previsto.

COSME.—Igual que en *Fango en la ciudad*.

CARLOS.—No. En *Fango en la ciudad* se entraba en la joyería por la puerta de escape y no por la principal.

FEDERICO.—Pero lo que decía la chica para distraer al joyero era lo mismo.

CARLOS.—No era lo mismo.

NURIA.—Siempre te equivocas de película, hijo. Eso que tú dices era en *Muertos al minuto*.

FEDERICO.—Entonces, ¿cuál es la técnica que hemos seguido en este golpe?

CARLOS.—La de *Melocotón en almíbar*.

NURIA.—¿Aquella tan dramática donde electrocutaban a cuatro y estaba tan guapo Marlo Brando?

COSME.—¡Ah, ya caigo! Sí, que estaba muy guapo. Y que al final salía un «cabaret»...

NURIA.—No. Una estación de ferrocarril.

FEDERICO.—¡Cuidado que eres burro! ¡No te enteras nunca de nada!

COSME.—No soy un burro. Es que entre el catarro, la técnica y tanta película me estoy armando un jaleo.

CARLOS.—Gracias a la técnica salen las cosas bien.

FEDERICO.—Pero tampoco hay que copiar tanto... Es como esto de alquilar un piso amueblado, en lugar de irnos a un hotel.

CARLOS.—Es en los hoteles donde la Policía mete n las narices. En las películas y en todas partes.

COSME.—Pero es que aquí, doña Pilar no hace más que subir a ver si hemos roto algún cacharro o si le hemos atrancado el grifo de la cocina. Y un día se va a oler algo...

CARLOS.—Doña Pilar es inofensiva y no importa que suba a lo que sea. *(Furioso.)* ¡Y menos pegas! ¡Basta ya!

FEDERICO.—Bueno, sigue. Estábamos en Burgos.

CARLOS.—A las once, aproximadamente, se habrá descubierto en Burgos el atraco. Y a esa misma hora nosotros dejábamos la carretera de Irún y dábamos un rodeo para llegar a la de Andalucía. El cambio de matrícula y la coartada de Aranjuez no han podido salir mejor. Ya «El Duque» está en su hotel en la calle de Ferraz, vigilando la otra joyería... Y nosotros aquí en casita. Total, asunto terminado. Y ahora, a esperar el sábado.

COSME.—¿Tan pronto?

CARLOS.—Sí. ¿Qué pasa? ¿Tienes miedo?

COSME.—Miedo, no... Pero si me sigue este catarro y toso... Porque yo me encuentro malísimo.

FEDERICO.—Estarás ya curado... Faltan aún tres días.

CARLOS.—Y después del sábado, a volar.

NURIA.—*(Lírica.)* ¡A volar!

CARLOS.—Sí. A volar... ¿Qué ocurre?

NURIA.—*(Excitada, nerviosa.)* ¡Que sólo pienso en eso! ¡En volar! ¡En marcharme! ¡En terminar la serie y poder estar tranquila lejos de aquí y en no tener que veros más! ¿Lo oís? ¡En eso pienso! En no tener padres postizos, ni maridos falsos, ni tíos como tú... En volver a ser una mujer honrada...

(Y se echa a llorar.)

CARLOS.—Dale el chicle, Fede.

FEDERICO.—*(Le da una pastilla.)* Toma.

NURIA.—*(Se mete la pastilla en la boca.)* Gracias. Cuando estoy cansada empiezo a delirar. Quisiera irme a dormir.

CARLOS.—Espera. Aún faltan las consignas. El que hable aquí de Burgos se juega la cabeza. Burgos, para nosotros, debe ser como si no existiera. ¡Borrado del mapa! ¿Entendido?

COSME.—¡Me lo vas a decir a mí! ¡No fue el cambio de tiempo lo que me puso malo! ¡Fueron los curas! Más de doce encontré en la calle al mediodía. Y ya sabes lo que me pasa a mí en cuanto veo un cura.

CARLOS.—¡Calla! Burgos no existe. Venimos de Sevilla, en donde hemos pasado tres días.

> *(Con el soniquete de algo muy aprendido.)*

FEDERICO.—En casa de unos venezolanos compatriotas nuestros...

> *(Igual.)*

NURIA.—Hemos salido de allí muy de mañana, porque papá no se encontraba bien, y pensamos que lo mejor era regresar.

FEDERICO.—¿Y nada más?...

CARLOS.—Sí. Hay más. Seguimos sin tener ningún amigo en Madrid. No conocemos a nadie. «El Duque», como siempre, no aparecerá por aquí, y yo seré el único que sirva de enlace. *(Se levanta y va al mueble-bar, en donde deja su chaqueta.)* Y esto es todo. Tranquilidad absoluta y nada de nervios. *(A «EL NENE».)* Y tú, «Nene», a sudar el catarro, y nosotros, a descansar...

> *(Suena un timbrazo fuerte. Todos se quedan paralizados por el miedo. «EL*

Mujeres de Mihura, *Gutiérrez*.

MIGUEL MIHURA

*(Y «EL NENE» hace mutis con su ma-
letín por la izquierda y deja cerrada la
puerta. CARLOS coge su americana y su
maleta y va hacia la derecha.)*

CARLOS.—Y yo también me voy a acostar... Estoy rendido y ahora es cuando lo noto... Son muchas horas de
tensión nerviosa...

NURIA.—¿Dejo el tiesto donde está?

CARLOS.—*(Seco.)* ¿Qué tiesto, querida?

NURIA.—*(Sorprendida.)* ¿Cuál va a ser?

CARLOS.—*(En tono de farsa.)* No sé de qué tiesto me
hablas, sobrinita... Nosotros somos una familia venezolana
que se lleva muy bien, que venimos de Sevilla de hacer
turismo, y que estamos un poco cansados y que nos vamos
a descansar... Y aquí no hay tiestos especiales ni nada que
ocultar... ¿Entendido? Pues buenas noches...

*(Y hace mutis por la derecha. NURIA
le ve marchar por el pasillo.)*

NURIA.—¡Fantoche!

FEDERICO.—¡Calla!

NURIA.—¿Por qué he de callar? ¿Quién es él para tomar el mando?

FEDERICO.—«El Duque» se lo ha dado.

NURIA.—¿Y qué eres tú aquí, entonces? ¿Un cero a
la izquierda?

FEDERICO.—*(Temeroso de que le oigan.)* ¡Calla, Nuria!

NURIA.—¡Calla! ¡Calla! ¿Callaste tú cuando te conocí?
¡No! ¡Tú no callaste! Hablabas sin parar como un mos-
cardón, hora tras hora, para convencerme y engañarme...
«Vivirás tranquila junto a mí. No tendrás que hacer el
perro por las noches, ni pisar más pistas de baile, ni beber
explosivos, ni pescar jaquecas con el *cha-cha-chá.*» ¡Justo

NENE», *que estaba ya levantado, saca*
una pistola del bolsillo de su americana.
FEDERICO, *otra del pantalón. Los cuatro*
personajes se miran sin saber qué deci-
sión tomar. Un gran silencio.)

FEDERICO.—Nos han seguido.

CARLOS.—*(Sonríe.)* No.

FEDERICO.—¿Quién llama, entonces?

CARLOS.—Yo. Mira.

(Y aprieta el pulsador corriente del tim-
bre de la casa, que hay junto al mueble-
bar y que había tocado antes disimula-
damente.)

FEDERICO.—¿Por qué has hecho eso?

CARLOS.—Para que no vuelvas a mentir, estúpido, y
cumplas las órdenes que se te dan. Conque, habías escondido la pistola, ¿eh? Vamos, dame... *(Y se la quita de la*
mano.) ¿No sabes que no hay que llevar armas encima?
Y tú, «Nene», ¿por qué llevas dos? ¿No te sobra con la
que has escondido? ¡Dame ésa! («EL NENE» *se resiste.)*
¡A obedecer!

COSME.—Toma.

(Y le da su pistola, que CARLOS *guarda.)*

CARLOS.—¡Y a la cama en seguida!

NURIA.—¿Tienes el tubo de aspirina?

COSME.—Sí. En el bolsillo. Voy a tomar otra ahora...
La verdad es que me encuentro francamente mal... Adiós,
Carlos... y perdóname.

CARLOS.—Adiós.

COSME.—Buenas noches.

FEDERICO y NURIA.—Buenas noches.

las palabras que yo quería oír desde hacía mucho tiempo para cambiar de vida y tomarme un poco de reposo!..., porque llega un momento en que las trompetas de la orquesta te hacen los sesos agua y darías cualquier cosa por no tener orejas...

FEDERICO.—¡Calla, Nuria!

NURIA.—¡No! ¡No callo! Y entonces llega un hombre y te habla en voz baja y te promete todo... «¡Vivirás conmigo, tranquila, en un hogar feliz!... Nada de bebidas alcohólicas, que te hacen pupa el hígado... Nada de bailongos ni de copetines... El día de mi santo te presentaré a mi mamá... Cuando nos aburramos en casa de la televisión, viajaremos por Río y Buenos Aires, donde yo tengo negocios de chatarra...» ¡Mentira podrida! ¡La mamá no existe! ¡Ni la chatarra! ¡Ni Río, ni Buenos Aires! ¡Todo falso! ¡Sólo existe esto! ¡Miedo! ¡Nervios! ¡Y unas ganas de llorar muy grandes y de echarlo todo a rodar!...

FEDERICO.—¡No puedes decir eso! Sabes que tengo otros proyectos...

NURIA.—¿Cuáles?

FEDERICO.—Lo sabrás cuando llegue el momento...

NURIA.—¡Todo mentira! ¡No es verdad! ¡Mientes!

> (FEDERICO, *nervioso, la agarra de un brazo y se lo retuerce apretando, mientras dice.*)

FEDERICO.—¡Calla de una vez!

> (NURIA *acusa el dolor. Baja la cabeza y cambia de tono.*)

NURIA.—Has hecho bien en lastimarme. Lo necesitaba. Dame un beso, guapo.

FEDERICO.—*(Se lo da.)* Toma.

NURIA.—Gracias.

FEDERICO.—De nada.

>   *(Y va hacia la llave de la luz.)*

NURIA.—Espera... ¿Oyes? El niño...

>   *(Y se queda escuchando.)*

FEDERICO.—¡Ah! Sí, llora.

NURIA.—Pobrecito...

>   (FEDERICO *apaga la luz.)*

FEDERICO.—¿Vamos?

NURIA.—Vamos...

>   *(Y van hacia la puerta de la derecha.)*

FEDERICO.—¡Qué calor!

NURIA.—Muchísimo...

>   *(Hacen mutis. La escena queda sola y
>   únicamente iluminada por la luz de la
>   luna que entra por la terraza.)*

TELÓN

ACTO PRIMERO

El mismo decorado. Han pasado dos días y son las ocho de la tarde. La terraza está abierta y el calor continúa. En un tocadiscos de la vecindad se escucha el bolero *Bésame mucho*, o *Bésame así, así...*

> (*Al levantarse el telón vemos a* FEDERI-CO *paseando nervioso de un lado a otro de la escena. Viste pantalón y va en mangas de camisa. Deja de pasear y se sienta en el escalón de la terraza, mirando al tiesto en donde escondieron las joyas. Poco después entra* NURIA *por la derecha. Ahora viste una bata muy ligera de casa y va en zapatillas. Está preocupada; se sienta en una butaca y enciende un cigarrillo.*)

NURIA.—¿Otra vez el mismo disco?

FEDERICO.—Ya lo oyes. Por lo visto, esos vecinos no tienen otro... ¿Qué hacías tú?

NURIA.—Con la muchacha, en la cocina.

FEDERICO.—¿Se ha ido ya?

NURIA.—Sí.

FEDERICO.—¿Qué piensa de nosotros?

NURIA.—Nada. ¿Qué va a pensar? Su señora le ha dicho que nos ayude en todo lo que necesitemos... Ha hervido la leche y ha fregado la cocina... Y ahora ha bajado a ponerla al corriente de lo que ha dicho el médico...

FEDERICO.—¡Y subirá y dará la lata!

NURIA.—No lo podemos evitar...

FEDERICO.—¡Pero siempre tenemos la casa llena de gente!

NURIA.—¡No exageres! Sólo han venido el médico, la chica y doña Pilar.

FEDERICO.—¡Y ayer vino una señora a ver el piso! Y se metió por todas partes...

NURIA.—No podemos negarnos. Doña Pilar quiere alquilarlo cuando nos vayamos nosotros.

FEDERICO.—Pero si alguno de los que vienen se da cuenta de algo...

> *(Ha dejado de oírse la música del toca-discos.)*

NURIA.—¿Y qué le vamos a hacer, si se nos ha puesto malo «El Nene»? No podemos dejarle morir...

FEDERICO.—¿Y Carlos? ¿Por qué tarda tanto?

NURIA.—Se habrá entretenido con «El Duque».

FEDERICO.—¿Y si se han largado los dos?

NURIA.—El tiesto está ahí... No hay que preocuparse...

FEDERICO.—Pero ellos tienen el diamante...

NURIA.—¡No te pongas nervioso! ¡Estás muerto de miedo!

> *(Ha sonado el timbre de la puerta.* NU-
> RIA *y* FEDERICO *se miran asustados.* FE-
> DERICO, *antes de abrir, observa por la
> mirilla. Entra* CARLOS *con un paquete
> en la mano.)*

CARLOS.—Hola.

FEDERICO.—Hola.

CARLOS.—¿Cómo sigue «El Nene»?

NURIA.—Igual. Hecho polvo.

FEDERICO.—*(Por el paquete.)* ¿Son las medicinas?

CARLOS.—*(Mientras deja el paquete sobre la mesa.)* Sí. Aquí está todo. Las inyecciones, el calmante, la jeringa, el alcohol y las demás cosas...

NURIA.—¿Viste al «Duque»?

CARLOS.—*(Se quita la americana.)* Claro.

FEDERICO.—¿Y qué dice?

CARLOS.—Nada. Según él, todo marcha perfectamente y no hay que preocuparse en absoluto.

NURIA.—Pero la enfermedad de éste...

CARLOS.—Si no se muere, tampoco le preocupa. Pero su muerte ahora podría traernos disgustos. Ya sabes... Por la documentación...

FEDERICO.—¿Y el asunto de mañana? ¿Se hace o no se hace?

CARLOS.—Esta noche lo decidirá. Iremos más tarde a reunirnos con él.

FEDERICO.—¿Has ido en el coche?

CARLOS.—Sí. Y lo tengo abajo, para luego. Él no lo necesita...

FEDERICO.—¿Le has dicho lo de la enfermera?

CARLOS.—Tampoco le importa, si tenemos cuidado de no irnos de la lengua. El caso es que se cure.

NURIA.—¿Entonces?

CARLOS.—Entonces, nada. A no tener miedo y a esperar...

(Y ahora suena el timbre y los tres tienen miedo, como siempre que suena.

> CARLOS *le hace una seña a* NURIA, *y ésta va a observar por la mirilla.*)

NURIA.—Doña Pilar.

CARLOS.—Abre. No. Espera. (*A* FEDERICO.) Tú entra con «El Nene»... Que vea que nos ocupamos de él.

FEDERICO.—Sí.

> (*Y después de coger su americana, hace mutis por la puerta de la izquierda, que deja cerrada como antes estaba.*)

CARLOS.—(*Mientras se pone su chaqueta.*) Abre ya.

> (NURIA *abre la puerta del foro. Entra* DOÑA PILAR, *con un vestido sencillo de calle. Unos sesenta años. Simpática y servicial, pero un poco tontaina. Trae una labor de ganchillo. Un pequeño tapetito a medio terminar.*)

NURIA.—¿Qué tal, doña Pilar? Pase usted, pase usted...

DOÑA PILAR.—Muchas gracias, Nuria.

CARLOS.—¡Tanto bueno por aquí!

DOÑA PILAR.—Buenas tardes, don Carlos.

CARLOS.—Muy buenas tardes. Encantado de verla.

DOÑA PILAR.—Lo mismo le digo.

CARLOS.—Muchas gracias.

DOÑA PILAR.—Figúrese que ahora mismo acabo de llegar a casa y la chica me ha dado la noticia. Y he subido en seguida, claro... Pero ¡qué barbaridad! ¡Qué mala suerte!

CARLOS.—En efecto, señora.

NURIA.—¿No quiere usted sentarse?

DOÑA PILAR.—Sí, claro está que sí. Desde luego. He subido para hacerles a ustedes compañía. Y hasta me he traído esta laborcita. Supongo que no les molestará.

NURIA.—Por Dios, señora, nos encanta. Siéntese usted aquí, que tendrá más luz.

DOÑA PILAR.—*(Se sienta en una butaca junto a la terraza.)* Muchas gracias. Como me voy a quedar aquí un buen rato, así, al mismo tiempo que les acompaño, termino este pañito.

CARLOS.—Muy bien hecho.

DOÑA PILAR.—*(Toca una de las patas de la butaca en donde está sentada.)* Esta pata de la butaca se está moviendo un poco.

NURIA.—No hemos notado nada.

DOÑA PILAR.—Sí. Un poquito se mueve. De sentarse en los brazos, claro. Lo de siempre. Pues ya les digo... ¡Qué barbaridad! Y ustedes que pensaban que sólo se trataba de un simple resfriado.

CARLOS.—Pues ya ve. Una pulmonía doble.

DOÑA PILAR.—Habrán ustedes comprendido que tenía yo razón al mandarles a don Vicente. Y pueden ustedes fiarse de lo que él diga, porque es un médico buenísimo y de toda mi confianza. Cuando se murió mi marido, fue él quien lo curó. Usted, Nuria, estará deshecha.

NURIA.—Puede usted figurárselo.

DOÑA PILAR.—¿Y su esposo?

NURIA.—Con papá en la alcoba. No se separa de su lado.

DOÑA PILAR.—¡Pobrecillo! ¡Una enfermedad así, y pillarle tan lejos de la patria querida!

CARLOS.—Efectivamente.

DOÑA PILAR.—Y el enfermo supongo que también estará deshecho.

NURIA.—Él más que nadie, por la fiebre.

DOÑA PILAR.—¿Y le duele?

NURIA.—¿El qué?

DOÑA PILAR.—No sé. Lo que sea.

NURIA.—No. Eso, no.

DOÑA PILAR.—Y en resumidas cuentas, ¿qué ha dicho don Vicente?

CARLOS.—Va a someterle a un fuerte tratamiento con antibióticos, para ver si la infección hace crisis.

DOÑA PILAR.—Claro que hará crisis, pobrecito mío... ¿Y han empezado ya el tratamiento?

CARLOS.—Yo he ido a comprar todas las medicinas que ha recetado, y ahora estamos esperando a que venga una enfermera.

DOÑA PILAR.—¡Ah, muy bien!

NURIA.—Parece ser que hay que inyectarle cada dos horas, y por eso el doctor ha dicho que nos mandará una enfermera de su clínica para que se quede aquí cuidándole toda la noche...

DOÑA PILAR.—Claro que sí... Me parece muy bien. La cuestión es salvarle la vida. Y si no se muere, ¿se vuelven ustedes a Venezuela o se quedan aquí?

CARLOS.—Aún no lo hemos decidido.

DOÑA PILAR.—Es que ya saben ustedes que ayer vino aquella señora a ver el piso y le gustó mucho... Y, claro, a mí me interesa saber si se muere o no se muere, para darle una contestación definitiva.

CARLOS.—Comprenderá que en estos momentos...

DOÑA PILAR.—Claro, claro... Ya me hago cargo...

> (*Y entra* FEDERICO *por la puerta de la izquierda. Ya se ha puesto la americana.*)

FEDERICO.—Buenas tardes, señora.

DOÑA PILAR.—¿Qué tal, don Federico? Hecho cisco, ¿verdad?

FEDERICO.—Puede usted imaginarse.

NURIA.—¿Cómo sigue papá?

FEDERICO.—Ahora está despierto.

NURIA.—Voy a entrar a verle.

DOÑA PILAR.—*(Levantándose.)* Yo la acompaño. Pobrecito mío. Hay que darle ánimos.

> (NURIA, *desde la puerta de la izquierda, se dirige al interior.*)

NURIA.—¡Papá! ¡Está doña Pilar! (*Y se vuelve a* DOÑA PILAR.) Sí. Pase usted.

> (*Y hace mutis* DOÑA PILAR, *seguida de* NURIA, *que cierra la puerta.*)

FEDERICO.—¿Has visto?

CARLOS.—¿Qué?

FEDERICO.—Se ha traído labor y todo... ¿Es que se va a pasar aquí toda la tarde?

CARLOS.—No te preocupes. Cuando nos convenga la echaremos. ¿Y «El Nene»?

FEDERICO.—Está muerto de miedo.

CARLOS.—¿Por la enfermedad?

FEDERICO.—Por todo. Supone que le vamos a dejar tirado.

CARLOS.—¿Le has dicho que todo marcha bien y que podemos estar tranquilos?

FEDERICO.—Sí. Pero no se fía. Quiere leer el periódico.

> (*Suena el timbre de la puerta. Los dos, como siempre que suena el timbre, quedan paralizados.*)

CARLOS.—La enfermera, quizá... (*Y va hacia la puerta de entrada. Observa por la mirilla. Se vuelve a* FEDERICO.) No hay nadie.

(FEDERICO *se da cuenta de que están*
echando el periódico por debajo de la
puerta y va a cogerlo.)

FEDERICO.—¡Es el periódico!

CARLOS.—¡Dame!

FEDERICO.—No. Yo antes.

CARLOS.—*(Con autoridad.)* ¡Vamos, quita! *(Lo hojea*
rápidamente hasta encontrar la sección que le interesa.
Y lee, al mismo tiempo que lo hace FEDERICO *por encima*
de su hombro.) ¿Ves? Nada. Lo de siempre. El despiste
total.

(*Sale* NURIA *de la izquierda.*)

NURIA.—¿Quién era?

CARLOS.—El periódico.

NURIA.—¿Algo?

CARLOS.—Nada.

NURIA.—Dame. Me lo ha pedido. Quiere leerlo.

(*Y va a volver a entrar cuando sale*
DOÑA PILAR.)

DOÑA PILAR.—Pero ¿cómo va leer el periódico, con
la calentura que tiene?

NURIA.—Así se distraerá un poco.

DOÑA PILAR.—Pero se puede poner peor...

NURIA.—No se preocupe.

(*Y vuelve a entrar con el periódico en*
la habitación. DOÑA PILAR *se sienta*
otra vez.)

FEDERICO.—¿Cómo le encuentra usted, señora?

DOÑA PILAR.—Pues bastante pachucho, para qué nos
vamos a engañar... ¡Y además tiene un susto!... Claro que,
en realidad, es para tenerlo... *(Suena el timbre de la*
puerta. NURIA *sale de la izquierda y cierra la puerta. To-*

*dos se quedan quietos y asustados, como siempre que suena
el timbre.* DOÑA PILAR *les mira extrañada.)* ¿No abren
ustedes?

CARLOS.—Sí, claro. ¿Cómo no?

> *(Y abre la puerta del foro y vemos a*
> SOR MARÍA DE LOS ÁNGELES, *una Her-
> mana de la Caridad, con gesto dulce y
> sonriente.)*

SOR MARÍA.—Ave María Purísima.

DOÑA PILAR.—Sin pecado concebida.

CARLOS.—¿Qué desea usted?

SOR MARÍA.—¿Puedo pasar?

CARLOS.—Sí. Pase...

> (SOR MARÍA *avanza.* CARLOS *cierra la
> puerta.)*

SOR MARÍA.—Pues me envía don Vicente.

CARLOS.—¿Don Vicente?

SOR MARÍA.—Don Vicente Palermo, el doctor. El de
Serrano, 180.

DOÑA PILAR.—¡Ah, sí! Claro. Nuestro médico... Y ¿por
qué la envía don Vicente, hermana?

SOR MARÍA.—¿Ustedes no son los señores de González?

CARLOS.—Sí.

SOR MARÍA.—¿Y no esperaban ustedes una enfermera?

CARLOS.—Sí. Eso esperábamos. Una enfermera.

SOR MARÍA.—Pues resulta que todas las enfermeras de
la clínica estaban comprometidas para salir con sus novios.
Y don Vicente me ha enviado a mí para que cuide del
enfermo.

CARLOS.—¡Ah!

DOÑA PILAR.—Pues ha hecho muy bien don Vicente
enviándola a usted. ¿No les parece?

NURIA.—Sí. Muy bien...

DOÑA PILAR.—Siéntese, hermanita, siéntese.

> (Y le señala una butaca que hay en el centro.)

SOR MARÍA.—Dios se lo pague.. Muchas gracias. (Y se sienta.) ¡Mira qué butaquita tan cómoda!

DOÑA PILAR.—¿Verdad que sí?

SOR MARÍA.—Muy cómoda. Qué calor, ¿verdad?

NURIA.—Mucho.

SOR MARÍA.—En verano, ya se sabe... ¿Han traído ya las medicinas que encargó don Vicente?

CARLOS.—Sí. Las acabo yo de ir a buscar. Aquí está todo, en este paquete.

SOR MARÍA.—Muy bien, muy bien... Ya traigo apuntadas las instrucciones que me ha dado el doctor... ¿Dónde está el enfermo?

NURIA.—(Indicando la puerta de la izquierda, que está cerrada.) Ahí. En esa alcoba.

SOR MARÍA.—¡Por Dios! Y ¿cómo le permiten que esté leyendo el periódico, con la fiebre que tiene?

> (Todos se miran asombrados. Sobre todo, la familia GONZÁLEZ. Pero SOR MARÍA no se da cuenta de estas miradas y empieza a desenvolver el paquete de las medicinas.)

DOÑA PILAR.—¡Pero oiga, hermanita...!

SOR MARÍA.—¿Qué?

DOÑA PILAR.—Y usted, ¿cómo es que sabe...?

SOR MARÍA.—¿El qué es lo que sé...?

CARLOS.—Que el enfermo está ahí dentro, leyendo el periódico...

DOÑA PILAR.—¿Es que ve usted a través de las paredes?

SOR MARÍA.—¡Jesús, qué cosas dicen ustedes! ¡Pobrecita de mí!

CARLOS.—¿Cómo lo ha adivinado entonces?

SOR MARÍA.—No he adivinado nada... Lo que ocurre es que al llegar a esta casa no estaba la portera y en ese momento bajaba un repartidor de diarios y le he preguntado si sabía en qué piso vivían los señores de González. Él me ha dicho que vivían ustedes aquí, en el ático, y que acababa de dejarles el periódico... Y al no ver ahora aquí ningún periódico, he pensado que se lo han dado al enfermo para que se entretenga... Pero con la fiebre que tiene no debía leer... En fin, tampoco tiene demasiada importancia... El caso es que, con la ayuda de la Gracia Divina, el enfermo se reponga en seguida. *(Mirando las cosas que saca del paquete.)* Muy bien. El alcohol, el algodón, la jeringuilla, el calmante, los antibióticos, el disolvente... ¡Pero qué calor, Jesús Todopoderoso...! ¿Me dará usted un poquito de agua para hervir la jeringuilla?

DOÑA PILAR.—No faltaba más. Ahora mismo se la doy...
(Y va a buscar una jarra al mueble-bar.)

SOR MARÍA.—Pero ¡qué calor! ¡Como he venido andando desde la clínica, estoy sofocadísima...! Si vieran ustedes el calor que está haciendo en la calle... *(A CARLOS.)* Bueno, usted que es el que ha ido a la farmacia, lo sabrá...

CARLOS.—Yo no he notado tanto...

SOR MARÍA.—¡Claro! Mira qué gracioso... Como usted ha ido en automóvil... Así, cualquiera...
(Todos se miran extrañadísimos y van hacia ella.)

CARLOS.—Oiga, señora...

SOR MARÍA.—Sor María de los Ángeles, para servir a Dios y a usted.

CARLOS.—Bueno, Sor María de los Ángeles... ¿Cómo sabe usted que yo he ido en automóvil?

DOÑA PILAR.—¡Es verdad! Pero ¡qué monjita tan listorra!

SOR MARÍA.—¿Por qué soy listorra?

DOÑA PILAR.—¿Por qué va a ser? Porque lo sabe usted todo.

SOR MARÍA.—No. Si yo no sé nada... Pobrecita de mí...

FEDERICO.—Entonces, lo del automóvil...

SOR MARÍA.—¿Es que no tienen ustedes automóvil?

DOÑA PILAR.—Claro que sí... Han alquilado uno para disponer de él durante su estancia en España...

SOR MARÍA.—¿Y no ha ido usted en él a la farmacia?

CARLOS.—Sí.

NURIA.—Pero ¿cómo lo sabe?

SOR MARÍA.—Por Dios. Si no tiene importancia... Y, además, yo no sé nada, pobrecita de mí... Es que he visto en el membrete del papel en que venían envueltas las medicinas que las ha comprado en una farmacia de la calle de Ferraz, en lugar de comprarlas aquí, en Torrijos, donde hay tantas... Y, claro, en un caso urgente como éste, no se toma un taxi por gusto ni se va en tranvía hasta tan lejos... Entonces he pensado que tiene usted coche y que al mismo tiempo que iba a comprar las medicinas ha aprovechado para dar un paseo o para visitar a algún amigo que vive por allí...

DOÑA PILAR.—(*A* CARLOS.) ¿Es verdad?

CARLOS.—Sí. En efecto... he ido a dar un paseo por Rosales...

NURIA.—Como con la enfermedad de papá está siempre metido aquí dentro, y hace tanto calor...

SOR MARÍA.—Verdaderamente llevamos unos días terri-

bles... Y ¿por qué no se quitan ustedes las chaquetas? A mí
no me importa que estén en mangas de camisa... Claro que
si se las han puesto porque ha venido esta vecina de visita... Bueno, digo yo que será una vecina que vive en la
misma casa, porque como veo que no lleva bolso ni
esas cosas... Y usted no tiene cara de ser de la familia,
¿verdad...?

DOÑA PILAR.—(*Un poco cansada de tanto descubrimiento.*) Mire usted, hermana... Yo vivo en el entresuelo,
y estos señores, que han venido hace poco de Venezuela,
me tienen alquilado este ático, que también es mío y que
alquilo amueblado. Además de estos dos pisos, tengo una
tiendecita de ropas de niños de la que me ocupo yo misma. Vivo sola, con una muchacha que se llama Rosa y es
de Pozuelo, y yo me llamo Pilar Zancudo, viuda de Ál-
varez, para servir a Dios y a usted. ¿Qué? ¿Quiere saber
alguna cosa más?

SOR MARÍA.—No, por Dios... Ya tengo bastante... (*Y se
vuelve a los* GONZÁLEZ, *que están de pie, atemorizados.*)
¿Y ustedes por qué están de pie?

CARLOS.—Pues ya ve...

(*Y se sienta.* SOR MARÍA *se fija en el
tapetito que está haciendo* DOÑA PILAR.)

SOR MARÍA.—¡Ah! Ese tapetito que está usted haciendo
es precioso...

DOÑA PILAR.—¿Le gusta?

SOR MARÍA.—Muchísimo... ¡Si yo tuviera tiempo para
hacer tapetitos! ¡Con la falta que nos están haciendo en
el convento! Desde luego, es precioso. ¿No les parece?

NURIA.—Sí. Precioso...

SOR MARÍA.—Y el piso éste también es muy bonito...

DOÑA PILAR.—¿Verdad que sí?

SOR MARÍA.—*(Va hacia la terraza.)* Y la terraza es muy rica... ¡Y qué flores tan lindas! ¡Con lo que me gustan a mí las flores!

DOÑA PILAR.—A mí también me gustan mucho...

(Y SOR MARÍA entra en la terraza.)

SOR MARÍA.—¡Pero, Jesús! Lo que no entiendo es que hayan regado todos los tiestos y hayan dejado uno sin regar... ¡Esta verbenita tan monísima!

(Y coge el tiesto, en el que están escondidas las joyas, con la consiguiente reacción de los GONZÁLEZ.)

NURIA.—Pues he regado yo misma esta tarde... Pero, por lo visto, este tiesto se me ha olvidado hoy.

SOR MARÍA.—¡Qué va! Lo menos hace dos o tres días que se le va olvidando... ¡Hay que ver! ¡Pero si está la planta sequita!... ¿No es verdad, señora?

DOÑA PILAR.—*(Se ha acercado.)* Sí que lo está, sí... Pero no tiene ninguna importancia...

SOR MARÍA.—Claro está que no... Además, yo me encargaré de regarla y ya verán cómo se espabila... En el convento tenemos un pequeño jardín, y nuestra querida Madre Superiora siempre me encarga a mí que me ocupe de él, porque dice que me doy muy buena maña para las flores... ¡Y es que me gustan tanto...! *(Y deja el tiesto en el suelo, en medio de la terraza.)* Bueno, ahora vamos a ver al enfermito...

NURIA.—Sí. Pase usted.

SOR MARÍA.—Si hiciesen ustedes el favor de entrar conmigo... Hay personas a las que al principio les impresiona mucho ver junto a su cama a una religiosa... Claro que, gracias a Dios, se van acostumbrando poco a poco, y después ya no quieren que nos separemos de su lado...

NURIA.—Pues si quiere usted pasar...

SOR MARÍA.—Usted delante.

NURIA.—Pero pasen ustedes primero...

> *(Y por la puerta de la izquierda hace
> mutis* DOÑA PILAR, *seguida de* SOR
> MARÍA. NURIA *antes de hacer mutis,
> cambia una mirada significativa con*
> FEDERICO y CARLOS. *Después cierra la
> puerta.)*

FEDERICO.—*(Yendo a la terraza.)* Hay que quitar de aquí esta maceta.

CARLOS.—*(Le detiene.)* No, ahora, no... Se daría cuenta... Hay que dejarla donde está.

FEDERICO.—Tengo miedo...

CARLOS.—No te pongas nervioso.

FEDERICO.—¿Es que tú no lo estás? Se ha fijado en todo. Se da cuenta de todo. Viene por nosotros.

CARLOS.—No digas tonterías... ¿Qué sabe ella de nada? Todo ha sido casual...

FEDERICO.—Son demasiadas casualidades en tan poco tiempo. ¿Por qué fuiste tan lejos a comprar las medicinas?

CARLOS.—Las compré después de ver al «Duque». En su misma calle.

FEDERICO.—Y ¿por qué no en ésta? En la casa de al lado hay una farmacia.

CARLOS.—Pero ¿cómo iba a pensar yo...?

FEDERICO.—Hay que pensar en todo...

CARLOS.—Además, no tiene importancia. ¿Qué hay de sospechoso que las compre en un sitio o en otro?

FEDERICO.—De todos modos, hay que tener cuidado.

CARLOS.—Ya lo tengo. Y sé mejor que tú lo que tengo que hacer.

FEDERICO.—En este caso no lo has demostrado.

> (NURIA *sale de la alcoba de la izquierda. Vuelve a cerrar la puerta.*)

NURIA.—¿Habéis visto? Estamos en peligro.

CARLOS.—¿Sois idiotas los dos? Sólo estaremos en peligro si perdemos la sangre fría.

NURIA.—¿Pero y lo del tiesto?

FEDERICO.—¿Por qué no lo has regado?

NURIA.—¿Cómo iba a suponer...?

CARLOS.—Hay que suponer todo...

NURIA.—¿Y tú? ¿Supusiste algo cuando compraste las medicinas tan lejos de aquí?

CARLOS.—Nada de lo que ha dicho tiene importancia... Lo que pasa es que tenéis miedo, y con miedo no llegaremos a ninguna parte... Vamos, callad ahora y dejadme a mí... Y estad naturales, como siempre. (*Se abre la puerta de la izquierda y entra en escena* SOR MARÍA, *seguida de* DOÑA PILAR.) ¿Cómo le encuentra usted, hermanita?

SOR MARÍA.—Pues no lo encuentro tan mal como pensaba... Y ya verán cómo, si Dios quiere, después de la primera inyección, mejorará bastante... Voy a ir hirviendo la jeringuilla.

> (*Y se pone a hacerlo.*)

DOÑA PILAR.—Desde luego, en cuanto ha visto a la hermanita parece que se ha animado mucho... Hasta se ha sentado en la cama y todo.

CARLOS.—Es que mi pobre hermano es tan piadoso...

SOR MARÍA.—Por eso me he permitido darle una estampita de la Santísima Virgen de los Desamparados...

FEDERICO.—¡Ah! ¿Le ha dado usted una estampita?

SOR MARÍA.—Sí. Y le he dicho que si se encuentra peor, sería conveniente que viniese un cura a confesarle...

CARLOS.—Y ¿qué ha dicho él?

SOR MARÍA.—Ha dicho algo en voz tan baja que no le he entendido... Como está tan débil... Bueno, pues si me lo permiten, voy a lavarme las manos mientras hierve la jeringuilla. (*A* NURIA.) ¿Dónde está el cuarto de baño o la cocina? Así, de paso, tiraré estos papeles a la basura...

> (*Por los envoltorios de los medicamentos, que ahora acaba de coger.*)

NURIA.—(*A* DOÑA PILAR.) ¿Quiere usted acompañar a la hermanita? Yo me encuentro tan fatigada...

DOÑA PILAR.—Pues no faltaba más... Para eso estoy aquí... Para ayudarles en todo lo que pueda... (*Y se dirige a la derecha.*) Pase usted por aquí. Y así le enseñaré la casa... (*A los* GONZÁLEZ.) Si es que ustedes no tienen inconveniente...

CARLOS.—Por Dios, señora... La casa es suya...

SOR MARÍA.—Como me tengo que quedar aquí toda la noche, siempre es bueno saber en dónde están las cosas...

DOÑA PILAR.—Pase usted, hermanita...

SOR MARÍA.—Usted delante... Así me enseñará el camino. (DOÑA PILAR *hace mutis.* SOR MARÍA *va a seguirla, pero se vuelve y se dirige a* NURIA *y la mira con una sonrisa candorosa y tierna, como siempre que mira a* NURIA.) Cierre usted la terraza, señorita...

NURIA.—¿La terraza? ¿Por qué la vamos a cerrar?

SOR MARÍA.—Porque a lo mejor se enfría el enfermo.

CARLOS.—¡Pero si está en la alcoba!

SOR MARÍA.—No importa. Tengo la impresión de que el pobrecito se va a levantar de un momento a otro... Ciérrela, por favor...

> (*Y hace mutis por la derecha.*)

NURIA.—¿Por qué dice eso?

CARLOS.—¿Y yo qué sé?

FEDERICO.—Yo tengo mucho miedo...

NURIA.—Y yo también.

CARLOS.—Si seguís así, vais a estropearlo todo...

FEDERICO.—Es que me está poniendo nervioso. Nos mira de una manera rara.

NURIA.—Sobre todo a mí... Como si me conociera de algo...

CARLOS.—¿De qué te va a conocer a ti una monja, si es la primera que ves en tu vida?

NURIA.—De todos modos, me mira mucho.

FEDERICO.—Y se sonríe siempre... Como si nos estuviera tomando el pelo.

> *(Por la puerta de la izquierda asoma la cabeza «EL NENE». Va en pijama y con una barba de tres días.)*

COSME.—¿Quién demonios ha traído aquí esta monja?

CARLOS.—¿Por qué te has levantado? ¿No ves que te vas a enfriar?

NURIA.—Hace corriente...

> *(Y cierra las puertas de la terraza.)*

FEDERICO.—¡Vamos, vuélvete a la cama!

COSME.—¡No me vuelvo a la cama! ¡Quiero saber por qué está aquí esta monja!

NURIA.—¡Ya te he dicho que la ha mandado el médico!

COSME.—¡Él dijo que iba a mandar una enfermera!

FEDERICO.—Pero no había ninguna libre. Habían salido con los novios.

COSME.—¡Pues que hubieran venido con el novio! ¡Pero no quiero ver a esta monja a mi lado! *(Enseña una estampita.)* ¡Mirad lo que me ha dado! ¡Una estampita! ¡Y quiere traer un cura para confesarme!

CARLOS.—¡Vuélvete a la cama en seguida! ¿Qué quieres? ¿Ponerte peor? ¿No te basta habernos chafado nuestros planes con tu maldita pulmonía? ¡Vamos, Nuria! ¡Llévatelo!

COSME.—¡O se marcha esa monja o me lío a tiros con todo el mundo!

NURIA.—Vamos, que vienen...

> (*Y* NURIA *empuja a* COSME *a la habitación de la izquierda y cierra la puerta. Una pausa y entra* DOÑA PILAR.)

DOÑA PILAR.—¡Qué encanto de monjita! Desde luego han tenido ustedes mucha suerte con que venga ella, porque parece listísima...

NURIA.—Sí, desde luego... Pero mi pobre padre...

DOÑA PILAR.—¿Qué le pasa a su padre?

CARLOS.—He hablado con él y le ha impresionado mucho ver a su lado a una religiosa.

DOÑA PILAR.—Y ¿por qué esa impresión? ¿Es que en Caracas no tienen ustedes religiosas?

FEDERICO.—No es eso. Es que él se imagina que está muy grave.

DOÑA PILAR.—Pero eso es una tontería.

CARLOS.—De todos modos hemos pensado que quizá con un practicante...

DOÑA PILAR.—Mire usted, don Carlos... Usted me perdonará que me meta en donde no me llaman, pero estamos en España y esto que usted dice no se puede hacer en España. Así es que si les han mandado a ustedes una monja, se tienen ustedes que chinchar con la monja. ¿Entendido? Pues cuidado, que viene aquí, y se da cuenta de todo.

> (*Entra por la derecha* SOR MARÍA *con un jarro de agua.*)

SOR MARÍA.—Pero ¡qué calor! ¡Qué calor! He traído este jarro con agua para regar la macetita... Ya pueden ustedes volver a abrir la terraza.

> (*Y* NURIA *lo hace.*)

DOÑA PILAR.—Es verdad... ¿Por qué la habían cerrado?

SOR MARÍA.—Se habrá cerrado con el aire... Al abrir por allí dentro siempre se establece un poco de corriente... ¿No es verdad, Nuria?

> (*Y la mira con una dulce sonrisa, que inquieta a* NURIA.)

NURIA.—Sí...

SOR MARÍA.—Pues tienen ustedes un piso muy bonito. Y la cocina es una monería... Al que no deben ustedes volver a llamar es al fontanero ese que vino ayer por la mañana...

DOÑA PILAR.—(*Sorprendida, igual que los demás.*) ¿Pero ha venido un fontanero ayer por la mañana?

NURIA.—Sí. Vino a arreglar ese grifo que se salía.

SOR MARÍA.—Y se sigue saliendo. Por eso digo que no lo deben ustedes volver a llamar...

DOÑA PILAR.—Pero ¿cómo sabe usted que vino ayer un fontanero?

SOR MARÍA.—No. Si yo no sé nada. Pobrecita de mí... Es que he visto en el desagüe unos hilos de estopa y un poco de masilla que está fresca aún... Por eso he calculado que vino ayer y que, además, es un chapucero... En el convento, en cambio, tenemos uno que trabaja muy bien y que es muy piadoso... Si ustedes quieren, yo les dejaré la dirección... (*Mientras habla ha preparado la inyección.*) Bueno, en fin, voy a ponerle la primera inyección a nuestro querido enfermito...

DOÑA PILAR.—¿La acompaño?

SOR MARÍA.—No es necesario. Y si grita mucho, no hagan ustedes caso. Es que fingirá que le hago daño para que llamen a un practicante...

> (*Y hace mutis por la izquierda.*)

CARLOS.—Ha debido de oír lo que hablábamos antes.

DOÑA PILAR.—¡Pero si estaba en la cocina! ¿Cómo va a oírnos desde allí?

FEDERICO.—¿Entonces por qué ha dicho lo del practicante?

NURIA.—Y ¿por qué me ha llamado a mí Nuria? ¿Le ha dicho usted cómo me llamo?

DOÑA PILAR.—Yo, no. Pero alguno de ustedes la habrá llamado Nuria delante de ella.

NURIA.—Yo creo que nadie me ha llamado Nuria.

CARLOS.—Yo no me acuerdo...

FEDERICO.—Ni yo tampoco.

DOÑA PILAR.—Pero no creo que eso tenga importancia, la verdad...

CARLOS.—Es bastante desagradable que lo sepa todo y se meta en todo.

DOÑA PILAR.—Pero ¿qué les importa? Ni ustedes ni yo tenemos nada que ocultar... Ahora que si se llega a meter en una de esas casas en donde hay tapujos, no quiero ni pensarlo... ¿No les parece? (*Y se oyen dentro los gritos de* COSME.) ¿Oyen ustedes...? Lo que ella dijo... No le falla una. ¿Pues y lo del fontanero? No me dirán ustedes que no tiene gracia.

NURIA.—(*Sin poder contener ya sus nervios.*) ¡A mí desde luego no me hace ninguna! Y ya me estoy cansando, ¿sabe usted? ¡Y no quiero que me mire más!

> (*Y se echa a llorar y va hacia la derecha.*)

CARLOS.—*(Enérgico.)* ¿Adónde vas?

NURIA.—A mi habitación...

CARLOS.—¿Para qué?

NURIA.—Para lo que sea.

CARLOS.—¡Nuria!

NURIA.—¡Déjame en paz!

> *(Y hace mutis por la derecha.* DOÑA
> PILAR *queda un poco sorprendida.)*

DOÑA PILAR.—Está un poco nerviosa...

> *(*FEDERICO *trata de disimular.)*

FEDERICO.—En cuanto oye quejarse a su padre, le pasa
igual...

CARLOS.—¡Es tanto el cariño que siente por él...!

> *(Sale* SOR MARÍA *de la alcoba. Además
> de la jeringuilla trae el periódico.)*

SOR MARÍA.—Bueno, pues ya está... Ha hecho como
que le ha dolido, pero no es verdad... Ya verán ustedes
como no se queja cuando le ponga la segunda... Y además
le he dado un calmante para que se duerma y descanse y
no esté dando tantas vueltas en la cama...

DOÑA PILAR.—¿Y le ha quitado usted el periódico?

SOR MARÍA.—Naturalmente. ¿A quién se le ocurre ponerse a leer con la fiebre que tiene? Y además lo tenía
abierto por la página de sucesos... Figúrense... Para sobre-
saltarse con las cosas que pasan... ¿Y la señorita? ¿Ha ido
a vestirse?

FEDERICO.—No es señorita, sino señora. Se trata de
mi esposa...

SOR MARÍA.—¡Ah, no sabía! Pues es muy finita y parece muy buena...

DOÑA PILAR.—La señora es hija del enfermo y sobrina
de don Carlos, que es este otro señor...

SOR MARÍA.—¡Ah, muy bien! ¡Pero ¿qué tapetito tan mono!

DOÑA PILAR.—¿De verdad le gusta?

SOR MARÍA.—Muchísimo... Y si viera usted la falta que nos hacen tapetitos así en nuestro convento...

DOÑA PILAR.—Ya me lo figuro, ya...

SOR MARÍA.—Y ¿dónde se enfrió nuestro enfermo?

(Y mientras habla seca la jeringuilla y lo deja todo preparado sobre la mesita. Y después se sienta.)

DOÑA PILAR.—Pues verá usted... Estos señores han llegado de Caracas para pasar una temporada en España, haciendo turismo... Y hace unos días se fueron a Sevilla...

SOR MARÍA.—¡Mira qué animados...!

DOÑA PILAR.—En donde por cierto me compraron una gitana de trapo preciosa... De la misma calle de las Sierpes...

SOR MARÍA.—Y ¿qué más?

DOÑA PILAR.—Pues nada. Que allí es donde se acatarró don Cosme y se tuvieron que volver precipitadamente...

SOR MARÍA.—¿Y no tomó nada en Sevilla?

CARLOS.—Sólo tomó aspirina...

SOR MARÍA.—¡Hay que ver! ¡Parece mentira! ¡Mira que enfriarse en agosto en Sevilla, con el calor que dicen que hace allí! En cambio en Burgos, después de varios días de calor, cambió el tiempo de repente y empezó a llover y a hacer frío... Pero frío, frío de verdad... Nos lo ha escrito la Madre Superiora del convento de allí, que siempre nos escribe hablándonos del tiempo...

DOÑA PILAR.—Es que en Burgos, ya se sabe... Se puede decir que no hay verano...

SOR MARÍA.—Y cuando se pone a hacer frío, hace más frío que en ninguna parte... Pero de todos modos, a mí es una ciudad que me gusta muchísimo. (*Se vuelve de improviso a* FEDERICO *y* CARLOS.) ¿Ustedes no han estado en Burgos?

(*A* FEDERICO *se le cae una copa que tiene en la mano.*)

FEDERICO.—No...

DOÑA PILAR.—¡Si no les ha dado tiempo...! Hace quince días que vinieron de Venezuela...

SOR MARÍA.—¿Directamente?

CARLOS.—No. De Venezuela a París, en donde estuvimos un mes. Y luego, en avión, a Madrid.

SOR MARÍA.—Mira que estar en París y no comprar ningún tubo de pasta de dientes ni ninguna crema...

DOÑA PILAR.—¿Por qué dice eso?

SOR MARÍA.—Porque en el cuarto de baño he visto que el jabón y todo es español, y los que vienen de Francia en seguida traen colonia y esas cosas... Aunque comprendo que es una tontería, porque en España tenemos de todo y casi más barato... Sobre todo cuando el cambio está a ocho... Pues como les iba diciendo, a mí me gusta mucho Burgos.

(*Desde que se ha iniciado esta conversación sobre Burgos,* CARLOS *y* FEDERICO *están nerviosos y atemorizados, y este último ya no puede más y se dirige a la puerta de la derecha, como antes hizo* NURIA.)

CARLOS.—(*Enérgico.*) ¿Adónde vas?

FEDERICO.—Voy a ver lo que hace Nuria.

CARLOS.—Se estará vistiendo. Quédate aquí...

FEDERICO.—¿Por qué voy a quedarme?

CARLOS.—¡Porque es mejor!

FEDERICO.—¡Déjame en paz!

> (*Y hace mutis por la derecha.* SOR MA-
> RÍA *y* DOÑA PILAR *se quedan un poco
> extrañadas del tono que han empleado.*)

SOR MARÍA.—(*A* CARLOS.) Pobrecito... Está muy nervioso el marido de su sobrinita, ¿verdad?

CARLOS.—Sí, mucho...

DOÑA PILAR.—La enfermedad del padre les tiene realmente preocupados...

> (CARLOS *se dirige a la puerta de la izquierda.*)

SOR MARÍA.—¿Adónde va usted?

CARLOS.—Voy a ver cómo sigue mi hermano.

SOR MARÍA.—Es mejor dejarle descansar...

CARLOS.—(*Nervioso. Descarado.*) De todos modos quiero entrar a verle. ¿Pasa algo?

SOR MARÍA.—No. Nada. Si es usted su hermano tiene derecho a hacer lo que quiera.

> (*Y* CARLOS *hace mutis por la izquierda.*)

DOÑA PILAR.—No debe hacer caso si están un poco bruscos... Es que la enfermedad de don Cosme les ha hecho papilla sus proyectos...

SOR MARÍA.—Claro, claro. (*Y mira a todos lados y después le dice en tono confidencial.*) ¿Pero sabe usted lo que le digo?

DOÑA PILAR.—(*Intrigada. También en voz baja.*) ¿Qué?

SOR MARÍA.—No, ahora no, que parece que vienen... Quédese aquí y después se lo diré todo... ¡Pero qué tapetito tan mono...!

> (*Ya un poco nerviosa también.*)

DOÑA PILAR.—Bueno, usted lo que quiere es que yo le dé el tapetito, ¿no es eso?

SOR MARÍA.—No. A mí no... Pero nuestra Orden es tan pobre...

DOÑA PILAR.—Bueno. Pues tome el tapetito.

> *(Y se lo da. Pero* SOR MARÍA *se lo devuelve.)*

SOR MARÍA.—No, por Dios... Tampoco corre tanta prisa... Cuando usted lo termine... Y ya verá cómo Dios se lo paga...

> *(Salen de la derecha* NURIA *y* FEDERICO. NURIA *va vestida de calle.)*

NURIA.—¿Y mi tío?

DOÑA PILAR.—Ha entrado en la alcoba.

FEDERICO.—¿A qué?

DOÑA PILAR.—¡Ah, no sé...!

> *(Sale de la derecha* CARLOS.)

CARLOS.—¿Qué pasa?

FEDERICO.—Nada.

NURIA.—Que vamos a salir.

CARLOS.—¿Adónde?

FEDERICO.—No hagas preguntas tontas.

NURIA.—A tomar cualquier cosa por ahí...

DOÑA PILAR.—Nada de eso... No tienen por qué molestarse... Ya le he dicho a la chica que prepare un poco de cena para ustedes y lo que le ha mandado el médico a don Cosme... Y ahora voy a bajar a decirle que prepare algo para Sor María...

SOR MARÍA.—¡Por Dios! ¡Si yo nunca tengo apetito!

FEDERICO.—Se lo agradecemos mucho, pero nos conviene dar una vuelta. Y, ya de paso, tomaremos algo en cualquier cafetería.

SOR MARÍA.—¿En qué cafetería? ¿En Rancho Grande?

(*Los* GONZÁLEZ *se quedan atónitos.*)

CARLOS.—¿Por qué dice usted eso?

FEDERICO.—¿Quién le ha dicho que vamos a Rancho Grande?

SOR MARÍA.—Por Dios, no me lo ha dicho nadie. Lo que pasa es que al tirar a la basura los papeles que llevé antes, vi en el cubo una cajita, así como de pastas, con un membrete que ponía: «Cafetería Rancho Grande.» Y ahora, al oírles decir que iban a una cafetería, pensé que iban a ésa...

DOÑA PILAR.—Muy bien pensado, claro...

SOR MARÍA.—Y como en el membrete pone que la cafetería está en la calle de Ferraz, y también la farmacia está en la calle de Ferraz, pues he ido y me he dicho: ¡Cuidado que les gusta a estos señores la calle de Ferraz! ¡Ni que dieran globos...!

NURIA.—(*Cerca de la puerta de salida, casi en trance de huir.*) ¿Vamos?

FEDERICO.—Sí.

(*Y* FEDERICO *hace mutis detrás de ella.*)

CARLOS.—¡Esperar! ¡Yo voy con vosotros también...!

DOÑA PILAR.—¿Pero ha visto usted? ¡Qué manera más rara de irse!

SOR MARÍA.—Sí que es verdad...

DOÑA PILAR.—Y ella ni siquiera se ha despedido de su padre...

SOR MARÍA.—No hay que darle importancia... La pobrecita está tan preocupada...

DOÑA PILAR.—¡Déjese usted de preocupaciones! Cuando se tiene un padre con pulmonía doble, no se va una a tomar bocadillos a Rancho Grande.

SOR MARÍA.—No se han ido a tomar bocadillos... Se han ido por no verme...

DOÑA PILAR.—¿Cómo por no verla?

SOR MARÍA.—Eso es lo que quería decir antes... Que en cuanto han visto a una monja se han puesto nerviosos. Y eso es porque no son creyentes...

DOÑA PILAR.—Sí. Algo de eso sí puede que sea... Incluso me lo han insinuado...

SOR MARÍA.—Claro que sí... ¿Qué otra cosa, si no, podría ser? Porque todos ellos tienen cara de buenas personas...

DOÑA PILAR.—Eso sí... Son una gente muy educada...

SOR MARÍA.—Y ella es muy finita... A mí lo que me da lástima es que la pegue el marido...

DOÑA PILAR.—¿Que la pega el marido?

SOR MARÍA.—Sí. ¿No ha visto un moradito que tenía en el brazo izquierdo?

DOÑA PILAR.—No me he dado cuenta, la verdad...

SOR MARÍA.—Pues sí... Lo tenía cuando estaba en bata. El marido, por lo visto, la había retorcido el brazo izquierdo.

DOÑA PILAR.—¡Qué barbaridad!

SOR MARÍA.—Y ahora, cuando se han ido dentro, le ha retorcido el brazo derecho. Al salir he visto que tenía unas huellas coloraditas...

DOÑA PILAR.—¡Pero entonces es un bestia!

SOR MARÍA.—No. Lo que pasa es que no son creyentes... Ya sabe usted que los extranjeros, en estas cosas, son un poquito descuidados. Y por eso mismo no los debemos tomar demasiado en cuenta...

DOÑA PILAR.—Eso será hasta cierto punto, porque el que la pegue el marido, a mí no me gusta ni pizca.

SOR MARÍA.—No debe usted preocuparse, porque a lo mejor no es el marido...

DOÑA PILAR.—¿Cómo que no es el marido?

SOR MARÍA.—Vamos, quiero decir que no están casados... Y, claro, siendo así, ya es distinto.

DOÑA PILAR.—Pero ¿por qué supone usted que no están casados?

SOR MARÍA.—¿Cuando vivía su marido usaban ustedes el mismo tubo de la pasta de dientes?

DOÑA PILAR.—Sí. El mismo. Y siempre se enfadaba porque yo lo dejaba sin tapar... ¿Por qué me lo pregunta?

SOR MARÍA.—Por eso. Porque siempre se suele comprar uno para los dos. Y cuando ése se termina, se compra otro...

DOÑA PILAR.—Bueno, ¿y qué?

SOR MARÍA.—Que ellos usan uno cada uno.

DOÑA PILAR.—Serán de diferentes marcas.

SOR MARÍA.—No. De la misma marca. Lo he visto yo en la repisita del lavabo que tienen en el domitorio.

DOÑA PILAR.—¿Y usted cree que eso significa que no están casados?

SOR MARÍA.—No. ¡Pobrecita de mí! Yo no creo que eso signifique nada.

DOÑA PILAR.—*(Ya un poco enfadada.)* ¿Por qué lo dice, entonces?

SOR MARÍA.—Porque como tengo la mala costumbre de ser tan observadora, en seguida pienso cosas que no debo... Nuestra querida Madre Superiora siempre me está reprendiendo por ser así, y la verdad es que yo no puedo remediarlo...

DOÑA PILAR.—Desde luego, hermanita, también a mí me parece que se pasa usted un poco de la raya... Y eso de la pasta de los dientes, no es por nada, pero lo considero una tontería como una catedral...

SOR MARÍA.—Pues mire... puede que tenga usted razón... Y ahora estoy pensando que también es una tontería lo de las señalitas en los brazos.

DOÑA PILAR.—Claro está que sí...

SOR MARÍA.—Porque a lo mejor es que le han picado los mosquitos...

DOÑA PILAR.—Será lo más probable.

SOR MARÍA.—Indudablemente tienen caras de ser buenas personas, y Dios me perdone si les he juzgado de un modo tan ligero... ¡En fin! ¡Qué calor! Voy a ver lo que dice el periódico del tiempo...

(*Ya un poco cansada de las cosas que dice* SOR MARÍA, *decide no hacerle demasiado caso.*)

DOÑA PILAR.—Sí, hija. Mire usted lo que dice el periódico del tiempo.

(SOR MARÍA *hojea el periódico, mientras* DOÑA PILAR *sigue con su labor.*)

SOR MARÍA.—¡Ah! ¡Aquí viene lo del atraco ese de Burgos...! ¡Qué atrocidad!, ¿no le parece?

DOÑA PILAR.—(*Indiferente.*) Sí. Una atrocidad.

SOR MARÍA.—Todos los periódicos dicen lo mismo. Que no se sabe de ellos una palabra.

DOÑA PILAR.—Como que debieron cruzar la frontera de Irún en seguida. Y cualquiera los pesca ahora...

SOR MARÍA.—(*Deja el periódico y se levanta.*) ¡Ah! ¡Si se me había olvidado regar mi macetita!...

DOÑA PILAR.—Pero no se moleste... Ya regará la chica...

SOR MARÍA.—De ninguna manera... No sabe usted lo que a mí me gusta regar... Tengo aquí el jarrito con agua

y voy a meter dentro el tiesto, porque fuera hace mucho
bochorno...

DOÑA PILAR.—Sí, hermanita. Haga usted lo que quiera.

SOR MARÍA.—Pondré este plato debajo para que no se
estropee la mesa...

DOÑA PILAR.—Eso. Muy bien hecho.

>   *(Y pone el tiesto encima de un plato
>   sobre la mesita.)*

SOR MARÍA.—¡Aquí está muy bien la macetita! Y hasta adorna un poco.

DOÑA PILAR.—Sí. Adorna muchísimo.

>   *(Empieza a regar con mimo la planta,
>   mientras sigue hablando.)*

SOR MARÍA.—¡Y mira que llevarse esas joyas que va-
len tantísimo dinero...!

DOÑA PILAR.—Dicen que cerca de dos millones...

SOR MARÍA.—Ya ve... Y a lo mejor para gastárselos
por ahí en tonterías... Con los necesitados que hay por el
mundo... Con tanto pobrecito al que hay que socorrer...
Si ese dinero llegase a nuestras manos, hay que ver las
obras de misericordia que nosotras podríamos hacer...

>   *(Tiene el tiesto en las manos, mirando
>   la planta por un lado y por otro. Suena
>   el timbre de la puerta.)*

DOÑA PILAR.—¿Quién será?

SOR MARÍA.—No sé... Voy a abrir...

DOÑA PILAR.—No se moleste...

SOR MARÍA.—Por Dios, no es molestia... *(Y abre la
puerta del foro. Entra* SUÁREZ, *más conocido por* «EL
DUQUE». *Es el jefe de los atracadores.)* Ave María Purísima...

(SUÁREZ *entra y mira a un lado y a
otro, extrañado.*)

SUÁREZ.—Ustedes perdonen... Me parece que me he
equivocado de piso...

DOÑA PILAR.—¿A quién busca?

SUÁREZ.—A uno señores venezolanos que viven en el
ático izquierda...

DOÑA PILAR.—Pues, sí... Es aquí.

SUÁREZ.—(*Vuelve a mirar a la monja y a* DOÑA PILAR.)
No. Creo que estoy confundido...

SOR MARÍA.—No está usted confundido, no, señor... Yo
soy la Hermana que estoy cuidando a uno de ellos, que
se ha puesto enfermo en Sevilla, con pulmonía doble...

SUÁREZ.—¡Ah!

DOÑA PILAR.—Y yo soy la dueña del piso, doña Pilar
Zancudo...

SUÁREZ.—(*Muy extrañado de todo.*) ¡Ah!

SOR MARÍA.—El enfermo está en la alcoba, pero ahora está dormido. ¡Pobrecito! Parece ser que ha pasado muy
mala noche...

DOÑA PILAR.—Y los otros no tardarán en volver... Puede usted pasar a esperarlos...

SOR MARÍA.—Eso... Pase, pase... Y siéntese.

SUÁREZ.—Gracias.

(*Y va a sentarse en la butaca de la
monja.*)

SOR MARÍA.—No. Aquí, no, que ésta es mi butaquita...

SUÁREZ.—Perdone.

(*Y se sienta en el sofá. Las dos le miran sonrientes. Él está totalmente desconcertado.*)

DOÑA PILAR.—¿Usted también es venezolano?

SUÁREZ.—Regular.

SOR MARÍA.—¿Cómo regular?

SUÁREZ.—Quiero decir que más bien soy de aquí, de Madrid...

DOÑA PILAR.—Mucho mejor...

SOR MARÍA.—Y le pilla más cerca...

DOÑA PILAR.—*(Se levanta.)* Bueno, hermana, pues entonces yo voy a aprovechar que se queda usted acompañada para bajar un momento a casa a ver si están preparando ya la cena. ¿No le importa quedarse sola con este señor?

SOR MARÍA.—No. Nada de eso. *(A* SUÁREZ.*)* ¿Por qué va a importarme, verdad usted?

SUÁREZ.—*(Se levanta, viendo la ocasión de escabullirse.)* De todos modos, si ustedes prefieren que me marche... Puedo volver dentro de un ratito...

SOR MARÍA.—Nada de eso... Prefiero que se quede aquí haciéndome compañía.

SUÁREZ.—Como usted quiera.

(Y vuelve a sentarse.)

DOÑA PILAR.—Sólo bajo un momento para ocuparme del caldo de don Cosme. Del que está enfermito, ¿sabe usted?

SUÁREZ.—Sí, claro.

SOR MARÍA.—Es que el médico le ha mandado que tome caldo.

SUÁREZ.—Muy bien hecho.

DOÑA PILAR.—¡Ah! Y tome usted el tapetito, hermana. Ya está terminado.

SOR MARÍA.—Que Dios se lo pague, doña Pilar.

DOÑA PILAR.—No merece la pena. Adiós, señor.

SUÁREZ.—Adiós, señora.

(*Y* Doña Pilar *hace mutis por la puerta del foro. Quedan solos* Suárez *y*
Sor María.)

Sor María.—Es una señora muy servicial... Y me ha
regalado este tapetito para nuestro convento...

Suárez.—¡Ah!

(Y se lo enseña.)

Sor María.—Es muy mono, ¿verdad?

Suárez.—Sí, muy mono.

Sor María.—Y ahora que caigo... A lo mejor sus amigos han ido a buscarle a usted...

Suárez.—¿A buscarme a mí?

Sor María.—Sí. Porque yo creo que tienen un amigo
en la calle de Ferraz. ¿Usted no vive en la calle de Ferraz?

Suárez.—¿Por qué voy a vivir yo en la calle de Ferraz?

(Y empieza a asustarse de la monja.)

Sor María.—¡Ay, hijo, no lo sé...! Pero alguien tiene
que vivir en la calle de Ferraz... Y usted es de esas personas que tienen cara de vivir en la calle de Ferraz. (Suárez *no contesta y se enjuga el sudor de la frente con el
pañuelo.*) Qué calor, ¿verdad?

Suárez.—Mucho.

Sor María.—En fin, con el permiso de usted voy a
empezar a rezar mis oraciones... ¿Usted quiere acompa-
ñarme?

Suárez.—¿Adónde?

Sor María.—A rezar... Sólo el principio, ¿quiere? Sígame...

Suárez.—Bueno... Si no es muy largo...

Sor María.—No. Es muy cortito, ya verá usted...
«Quien a Dios tiene, nada le falta; sólo Dios basta...»

SUÁREZ.—*(Repite torpemente.)* «Quien a Dios tiene, nada le falta; sólo Dios basta...»

SOR MARÍA.—Eso. Muy bien. Muy bien. Y ahora sigo yo...

> (SOR MARÍA, *con el rosario en la mano, reza en voz baja.* SUÁREZ *está violento y suda cada vez más. Los dos se miran. Y mientras tanto, lentamente, va cayendo el telón.)*

TELÓN

ACTO SEGUNDO

El mismo decorado. Continúa la acción del primer acto. En el tocadiscos del vecino lejano se escucha el mismo bolero que ya hemos oído anteriormente

> (SOR MARÍA *sigue rezando mientras* SUÁ-REZ, *que está violentísimo y desconcertado, mira a un lado y a otro, y por fin se fija en el tiesto que ha quedado sobre la mesita.* SOR MARÍA, *que parece no verle, dice sin levantar la vista de su libro.*)

SOR MARÍA.—¿Qué mira usted?

SUÁREZ.—*(Sorprendido.)* No, nada. No miraba nada...

SOR MARÍA.—Creí que miraba usted la verbenita.

> (SOR MARÍA *guarda su breviario.*)

SUÁREZ.—¿Qué verbenita?

SOR MARÍA.—Es esta planta que he puesto aquí, porque en la terraza hace demasiado bochorno y el bochorno no le conviene, ¿sabe usted? Además, estaba toda sequita y la he regado hace un momento.

SUÁREZ.—¡Ah!

SOR MARÍA.—Pero después le echaré más agua, porque el agua no se le puede echar toda de una vez, y conviene que tome la humedad poquito a poco.

SUÁREZ.—Claro, claro... Tiene usted muchísima razón.

(Y hay una pequeña pausa.)

SOR MARÍA.—¡Anda!

SUÁREZ.—(Sobresaltado.) ¿Qué?

SOR MARÍA.—Que se me había olvidado una cosa.

SUÁREZ.—¿Qué cosa?

SOR MARÍA.—Meter la mano por las rendijas de mi butaca.

SUÁREZ.—¿Por las rendijas de su butaca? ¿Para qué?

SOR MARÍA.—Le va a parecer una tontería, pero yo siempre lo hago y siempre encuentro algo para nuestros pobres. Nada de valor, naturalmente... Pero cinco céntimos en una butaca y una pesetilla en la otra, pues mire... ya es una cinco, ¿no? Y a lo mejor un botón, o un dedal... Y todo sirve para nuestros queridos pobres... ¡Si usted supiera la miseria que hay por esos mundos!...

SUÁREZ.—Sí que la hay, sí...

SOR MARÍA.—Muchísima... (Y mete la mano en la rendija de la butaca en donde está sentada. Saca los guantes que escondió COSME.) ¿Ve usted? Mire. Unos guantes. Para que vea que es verdad que siempre se encuentran cosas... Con estos guantes cualquier pobre puede pasar un invierno calentito...

SUÁREZ.—Desde luego...

SOR MARÍA.—(Mete la mano por el otro lado del asiento.) Mire, mire... ¡Si hay aquí otra cosa! (Y saca la pistola que, igual que los guantes, escondió «EL NENE».) Una pistola.

(El desconcierto de «EL DUQUE» va en aumento.)

SUÁREZ.—¿Cómo una pistola?

SOR MARÍA.—¿No es esto una pistola?

SUÁREZ.—Sí. Eso parece.

SOR MARÍA.—¿Será de sus amigos?

SUÁREZ.—¿Por qué iba a ser de mis amigos?

SOR MARÍA.—¡Ah, no sé...! Claro que, a lo mejor, también puede ser de otros señores que hayan tenido este piso alquilado antes. A lo mejor unos cazadores...

SUÁREZ.—Es lo más probable.

SOR MARÍA.—Y ¿qué cree usted que debo hacer con esta pistola?

SUÁREZ.—Pues no sé...

SOR MARÍA.—Yo creo que no me puedo quedar con ella sin consultar antes con la dueña del piso, ¿no le parece a usted?

SUÁREZ.—No sea usted tonta. No le diga que la ha encontrado. Guárdesela y después la vende.

SOR MARÍA.—¿Sí?

SUÁREZ.—Claro.

SOR MARÍA.—Y ¿qué valor puede tener esto?

SUÁREZ.—Pues no sé. Unas mil pesetas...

SOR MARÍA.—¿Tanto?

SUÁREZ.—Más o menos...

SOR MARÍA.—¿Pero estará cargada?

SUÁREZ.—No sé. No entiendo de pistolas.

SOR MARÍA.—Mire de todos modos... Yo no me atrevo...

(*Le da la pistola a* SUÁREZ.)

SUÁREZ.—Sí. Parece que sí. Pero tiene echado el seguro.

SOR MARÍA.—¿Cuál es el seguro?

SUÁREZ.—Éste.

SOR MARÍA.—Y ¿cómo funciona?

SUÁREZ.—Se le da así y se le quita.

SOR MARÍA.—¿Y ya se puede disparar?

SUÁREZ.—Sí. Y así se le vuelve a poner.

SOR MARÍA.—Entonces, deme, y me quedo con ella. *(Y coge la pistola.)* Pero de todos modos lo voy a consultar con doña Pilar.

SUÁREZ.—Hágame caso y no consulte nada. Estas cosas son muy engorrosas. De mis amigos, seguro que no es. Así es que la habrán dejado otros inquilinos, y cualquiera sabe dónde estarán ahora...

SOR MARÍA.—En eso tiene usted razón. Y si puedo venderla y repartir ese dinero entre nuestros queridos pobres...

SUÁREZ.—Naturalmente. Usted vaya a lo suyo.

SOR MARÍA.—Pues nada, me la guardo.

SUÁREZ.—Y si no quiere usted cargar con ella, yo mismo se la compro.

SOR MARÍA.—¿Usted? ¿Y para qué la quiere?

SUÁREZ.—No. Para nada. Para quitarle ese estorbo de encima.

SOR MARÍA.—Y ¿cuánto me da usted?

SUÁREZ.—Pues lo que quiera. Eso. Mil pesetas.

SOR MARÍA.—No. Por menos de dos mil no se la vendo.

SUÁREZ.—Dos mil es muy caro. Una cosa que no sirve para nada...

SOR MARÍA.—¡Vaya usted a saber! A lo mejor algún día la necesita usted para cualquier cosa... Y, además, no es por el valor que tenga... Es que así hace usted una obra de caridad.

SUÁREZ.—Mil quinientas.

SOR MARÍA.—No. Dos mil...

(SUÁREZ *saca de su cartera dos billetes.*)

SUÁREZ.—Bueno. Tome las dos mil. Deme la pistola.

(SOR MARÍA *se queda dudando.*)

SOR MARÍA.—No.

SUÁREZ.—¿Se arrepiente?

SOR MARÍA.—No es que me arrepienta. Es que no me acordaba que antes de hacer esta operación tengo que consultar con nuestra querida Madre Superiora. Mejor será que me la guarde. *(Y se la guarda en la faltriquera.)* Lo que sí puedo venderle son los guantes.

SUÁREZ.—No. Los guantes no los quiero...

SOR MARÍA.—Bueno. Siempre habrá alguien que los necesite. *(Se los acerca a la nariz.)* Y eso que huelen un poco a cloroformo...

SUÁREZ.—¿Sí?

SOR MARÍA.—Un poquitín... Como si los hubiera usado un cirujano... ¿Ninguno de sus amigos es cirujano?

SUÁREZ.—No.

SOR MARÍA.—¿A qué se dedican?

SUÁREZ.—Hacen negocios.

SOR MARÍA.—¿Y usted?

SUÁREZ.—También.

SOR MARÍA.—¿Y trabajan juntos?

SUÁREZ.—A veces.

SOR MARÍA.—¿Y ahora qué negocios tienen entre manos?

SUÁREZ.—Ahora descansamos.

SOR MARÍA.—¿Les cansa mucho el negocio que tienen? *(Se ha abierto la puerta del foro sigilosamente y ha entrado* CARLOS, *que ve a* SUÁREZ, *y* SUÁREZ, *a* CARLOS. *Y aunque* SOR MARÍA *está de espaldas y no le ve, dice:)* Hola, don Carlos... ¿Cómo entra usted tan callandito? *(Los dos quedan sorprendidos.)* He oído cuando subía el ascensor, y como no vive nadie en el piso de al lado, he pensado... «¿Quién será el que ha subido que no entra?»... Y me he figurado que era usted...

CARLOS.—Como tengo llavín, no he querido tocar el timbre por si estaba durmiendo mi hermano...

SOR MARÍA.—Sí, debe seguir durmiendo el pobrecillo, porque no ha llamado ni nada... Aquí, este señor le está esperando...

CARLOS.—(*A* SUÁREZ.) ¡Ah! ¡Hola...!

SUÁREZ.—Hola...

> (*Y no saben qué decir delante de la* MONJA.)

CARLOS.—¿Qué hay?

SUÁREZ.—Ya ves.

CARLOS.—Sí.

SUÁREZ.—Pues nada... que pasaba por aquí y he dicho: «Hombre, pues voy a entrar.»

CARLOS.—Nosotros estábamos aquí y dijimos: «Hombre, pues vamos a salir.»

SUÁREZ.—Sí que es coincidencia...

CARLOS.—Eso digo yo...

SUÁREZ.—¿Y la familia?

CARLOS.—Por ahí.

SUÁREZ.—Claro...

CARLOS.—Hace calor...

SUÁREZ.—Sí. Mucho.

SOR MARÍA.—Estoy pensando yo una cosa.

SUÁREZ.—¿Qué?

SOR MARÍA.—Que si para decir todo esto ha venido usted desde la calle de Ferraz, se podía habe ahorrado el camino... ¡Porque hay que ver qué tontería de conversación!

CARLOS.—(*Inquieto.*) ¿Quién le ha dicho a usted que ha venido desde la calle de Ferraz?

SUÁREZ.—Son cosas de la hermana, que se ha empeñado en que yo vivo en esa calle... Es muy salada y muy simpática...

CARLOS.—¿Ah, sí?

SUÁREZ.—A mí, al menos, me cae divinamente...

SOR MARÍA.—A mí también su amigo me es muy simpático. ¿No sabe que mientras le estaba esperando nos hemos hecho muy amigos...?

CARLOS.—No. No sabía nada.

SOR MARÍA.—Pues sí. Y ha repetido conmigo unas palabras religiosas. ¿Se acuerda?

SUÁREZ.—Sí.

SOR MARÍA.—Ande... Dígalas otra vez delante de su amigo... «Quien a Dios tiene...

SUÁREZ.—... nada le falta; sólo Dios basta...»

SOR MARÍA.—Muy bien, muy bien... (*A* CARLOS.) ¡Ah! Y además he estado a punto de venderle una pistola.

CARLOS.—(*Angustiado.*) ¿De qué pistola habla?

SUÁREZ.—(*Acusándole, con el tono, de su descuido.*) De una pistola que se ha encontrado escondida en esa butaca... Y de unos guantes que huelen como a cloroformo...

CARLOS.—(*Más angustiado todavía por el tono de* «EL DUQUE».) ¡Ah!

SOR MARÍA.—Es curioso...

SUÁREZ.—¿El qué?

SOR MARÍA.—Que usted ha dicho que la pistola estaba escondida. Y yo pensaba que es que se le había caído a alguien del bolsillo del pantalón...

SUÁREZ.—Es lo mismo, hermana...

SOR MARÍA.—No. Lo mismo no es. Porque si estaba escondida sería por algo... ¿Verdad, don Carlos?

CARLOS.—Viene a ser igual una cosa que otra...

SOR MARÍA.—Bueno, lo que ustedes quieran... Para qué vamos a discutir... ¡Ah, ya se me olvidaba! Voy a echarle un poco más de agua a la plantita...

CARLOS.—Perdóneme, hermana... Pero yo suponía que el médico la había enviado para cuidar al enfermo y no para regar las plantas...

SOR MARÍA.—¿Y es que no puedo hacer las dos cosas a la vez? Además, el enfermo está dormidito y todavía no es tiempo de ponerle la segunda inyección.

SUÁREZ.—Por lo menos debía usted entrar en la alcoba a ver si tiene calentura...

SOR MARÍA.—Claro que la tiene...

SUÁREZ.—Pues mire usted si tiene más...

SOR MARÍA.—No. Ahora tendrá menos...

CARLOS.—De todos modos, póngale el termómetro...

SOR MARÍA.—Bueno, eso sí... Pero lo haré con cuidadito, no sea que se vaya a derpertar y les empiece a dar la lata... ¿No les parece? En seguida vuelvo...

> (*Y hace mutis.* «EL DUQUE», *ahora,*
> *cambia de gesto y se muestra duro y*
> *frío.*)

SUÁREZ.—¿Qué significa todo esto?

CARLOS.—Significa que tenemos que matar a esta monja.

SUÁREZ.—¿Por qué?

CARLOS.—Estamos seguros de que sabe algo.

SUÁREZ.—¿Por qué?

CARLOS.—Va descubriendo todo poco a poco.

SUÁREZ.—¿Por qué?

CARLOS.—¡Me estás poniendo nervioso, «Duque»!

SUÁREZ.—¿Por qué?

CARLOS.—¡Yo no tengo la culpa de nada!

SUÁREZ.—¿Quién la tiene entonces? ¿Cómo habéis escondido ahí esa pistola, estúpidos?

CARLOS.—La guardó «El Nene», provisionalmente. Luego, con la enfermedad, se nos olvidó.

SUÁREZ.—¿Por qué?

CARLOS.—Un descuido de todos.

SUÁREZ.—Por ese descuido, ahora es ella quien tiene la pistola.

CARLOS.—Entonces, ¿está armada?

SUÁREZ.—¡Pues claro que está armada...! Y este tiesto que riega es donde están las joyas, ¿no es eso?

CARLOS.—Se fijó en él desde el primer momento. Estamos esperando que se vaya para sacar la bolsa.

SUÁREZ.—Y ¿por qué no ahora?

CARLOS.—Se puede dar cuenta y sería peor.

SUÁREZ.—¡Vamos! ¡Saca eso...!

> (CARLOS *va junto a la maceta y se dispone a sacar el paquete, pero* SOR MARÍA *sale de la izquierda.*)

SOR MARÍA.—¿Qué hace usted con la verbenita?

CARLOS.—Nada. Estaba viendo si estaba seca o no...

SOR MARÍA.—Vamos, quite... Esto no son cosas de hombres... *(Y coge el tiesto.)* Me lo voy a llevar a la cocina para escurrir un poco el plato...

CARLOS.—*(Nervioso, sin poder contenerse, le da un grito.)* ¡Deje ese tiesto donde está!

> (SOR MARÍA *se vuelve sorprendida y después mira sonriente a los dos.*)

SOR MARÍA.—¡Ah, sí! Tiene usted razón... Porque a lo mejor se rompe y se enfada doña Pilar. *(Y vuelve a poner el tiesto donde estaba.)* Bueno, entonces voy a traerle un poco de agua azucarada a nuestro querido enfermito, que ya está despierto y le tengo puesto el termómetro... Yo creo que está muchísimo mejor...

> (Y hace mutis por la derecha.)

SUÁREZ.—¿Por qué le has gritado?

CARLOS.—Porque me pone nervioso y ya no sé lo que tengo que hacer...

SUÁREZ.—Pero si le gritas, es peor.

CARLOS.—Yo no sé ya lo que es mejor ni lo que es peor.

SUÁREZ.—Hay que tratarla con dulzura, como la he tratado yo. Además, estoy seguro de que es tonta.

CARLOS.—¿Tonta?

SUÁREZ.—Sí. Tonta. Y sois vosotros, con vuestros nervios, los que la estáis espabilando... ¿Quién le ha dicho que yo vivo en la calle de Ferraz?

CARLOS.—Ella sola lo ha adivinado.

SUÁREZ.—¿Por qué?

CARLOS.—Y yo qué sé. Hemos salido a decírtelo y no te hemos encontrado. ¿Por qué has venido aquí?

SUÁREZ.—El golpe de la joyería de la calle de Ferraz hay que darlo, sin falta, mañana por la mañana, a las nueve en punto. He venido a avisaros. Todo debe estar dispuesto desde esta noche.

CARLOS.—¿Sin «El Nene»?

SUÁREZ.—Sin «El Nene».

CARLOS.—¿Y después?

SUÁREZ.—Si no puede acompañarnos, se quedará aquí.

CARLOS.—Pero puede comprometernos. Y después de lo que sabe ya la monja...

SUÁREZ.—No estamos seguros de que sepa nada.

CARLOS.—*(Mira hacia la derecha.)* ¡Calla, que viene!

> *(Una pausa. Entra* SOR MARÍA *por la derecha con un vaso. Y al verlos, dice a* CARLOS.*)*

SOR MARÍA.—Lo bueno de las visitas es que distraen mucho, ¿verdad, don Carlos? *(Ninguno de los dos contesta. Ya cerca de la puerta izquierda* SOR MARÍA *añade.)*

Bueno, pues voy a darle el agua y quitarle el termómetro. Ya pueden ustedes seguir hablando.

(*Y hace mutis por la izquierda.*)

CARLOS.—Nos está tomando, el pelo, «Duque»... ¿Es que no te das cuenta?

SUÁREZ.—Sí. Unas veces parece tonta, y otras, no. ¿Dónde están los otros?

CARLOS.—En la calle, esperando mi aviso desde la terraza. Están nerviosos con la monja. He subido yo solo para ver cómo iba todo esto... Pero si tardo, subirán también...

SUÁREZ.—Ante todo hay que saber si la monja sospecha algo, efectivamente.

CARLOS.—¿Cómo?

SUÁREZ.—Haciéndola hablar.

CARLOS.—¿Por las malas?

SUÁREZ.—Por las buenas.

CARLOS.—¿Quién? ¿Tú?

SUÁREZ.—Nuria. Ella se dará más maña para sonsacarla.

CARLOS.—No me fío de Nuria. Está nerviosa.

SUÁREZ.—La vigilaremos...

CARLOS.—Y si la monja sabe algo, habrá que terminar con ella.

SUÁREZ.—No digas disparates. Para que nos denuncie la dueña de la casa, ¿verdad?

CARLOS.—Pues habrá que coger la bolsa y escapar inmediatamente...

SUÁREZ.—Para que se den cuenta de que somos nosotros los del atraco, y den nuestras señas detalladas a la Policía. ¿No es eso? No. Hay que estar quietos y esperar

hasta el último momento... Y prevenir al «Nene» y tener
las cosas preparadas. ¿Hay puerta de servicio en este piso?

CARLOS.—Sí. Pero da al mismo descansillo que esta otra.

(Por la entrada.)

SUÁREZ.—Mal asunto, entonces.

CARLOS.—¿Por qué?

SUÁREZ.—¡Calla!

*(SOR MARÍA vuelve a salir por la iz-
quierda.)*

SOR MARÍA.—Pues resulta que me he equivocado. Yo
creía que nuestro enfermito tenía menos fiebre y tiene la
misma... Y hasta dentro de una hora no podemos ponerle
la inyección...

CARLOS.—Vamos a entrar a verle.

SUÁREZ.—Sí. Le haremos compañía un ratito...

SOR MARÍA.—Es mejor que no tenga visitas... Como está
débil, se puede marear.

SUÁREZ.—Sólo es un momento, hermanita...

SOR MARÍA.—Bueno, bueno, entren ustedes... Yo mientras tanto, me voy a entretener en quitarle a la planta las
hojas que se le han secado.

*(Y coge el tiesto. CARLOS y «EL DU-
QUE», que habían iniciado su camino
hacia la puerta de la izquierda, se de-
tienen.)*

CARLOS.—Es mejor que no entremos, ¿no te parece?

SUÁREZ.—Sí. Quizá sea mejor...

(Y no saben qué hacer.)

SOR MARÍA.—Bueno, ¿qué? ¿Se deciden o no? *(Dan
unos golpecitos en la puerta del foro. SOR MARÍA deja el
tiesto y va a abrir, mientras dice:)* Debe ser doña Pilar...

(Y, en efecto, entra DOÑA PILAR.)

DOÑA PILAR.—Hola, hermanita...

SOR MARÍA.—Ave María Purísima...

DOÑA PILAR.—Sin pecado concebida.

> *(Al ver que la monja ha dejado el tiesto donde estaba, CARLOS y «EL DUQUE» se quedan más tranquilos.)*

SUÁREZ.—Bueno, pues nosotros vamos a entrar un momento...

SOR MARÍA.—Sí, entren, entren.

CARLOS.—Hasta ahora mismo.

DOÑA PILAR.—Adiós, don Carlos. Hasta ahora mismo... *(Y SUÁREZ y CARLOS entran por la izquierda, cerrando la puerta.)* Bueno, pues la comida está preparada y muy pronto vamos a cenar...

SOR MARÍA.—Déjese usted ahora de cenas, que pasa algo muy grave.

> *(Se asegura que la puerta de la izquierda está cerrada y emplea desde este momento un tono misterioso.)*

DOÑA PILAR.—¿Está peor el enfermo?

SOR MARÍA.—No. El enfermo, dentro de la gravedad, está divinamente. Lo que pasa es que ya lo sé todo.

> *(Y se sientan las dos juntas en el sofá.)*

DOÑA PILAR.—¿El qué es todo?

SOR MARÍA.—¿No le dije que la pareja no estaba casada?

DOÑA PILAR.—Sí. Y ¿qué?

SOR MARÍA.—Pues que no es verdad. Que me equivoqué.

DOÑA PILAR.—¿Cómo que se equivocó?

SOR MARÍA.—Que sí. Que están casados. Pero este señor que vino antes y que vive en la calle de Ferraz, le está haciendo el amor a la mujer.

DOÑA PILAR.—¿A doña Nuria?

SOR MARÍA.—A ésa.

DOÑA PILAR.—Y ¿por qué le está haciendo el amor?

SOR MARÍA.—Porque está enamorado de ella.

DOÑA PILAR.—¡Ah!

SOR MARÍA.—Pero el marido lo sabe todo.

DOÑA PILAR.—¿Don Federico?

SOR MARÍA.—El mismo.

DOÑA PILAR.—Bueno, y ¿qué?

SOR MARÍA.—¿Cómo que y qué? Pues que don Federico tenía escondida una pistola para matar al señor de la calle de Ferraz.

DOÑA PILAR.—¿Una pistola? Por favor, explíqueme eso...

SOR MARÍA.—Pues verá. Que el señor de la calle de Ferraz ha venido aquí, dispuesto a escaparse con Nuria o algo por el estilo. Y cuando nos hemos quedado solos, a mí se me ha ocurrido meter la mano por los huecos de esta butaca para ver si encontraba cinco céntimos, y lo que he encontrado ha sido una pistola. Figúrese. Él se ha quedado pálido porque ha comprendido que las balas de esa pistola estaban destinadas a él. Y ha intentado comprármela.

DOÑA PILAR.—¿Es posible?

SOR MARÍA.—Y tan posible. Como que me ha ofrecido dos mil pesetas. Pero, claro, yo no se la he vendido. Porque si se la vendo, es él el que mata a don Federico.

DOÑA PILAR.—*(Que empieza a no comprender nada.)* ¡Ah!

SOR MARÍA.—Y entonces han debido volver sus inquilinos y, al entrar en casa, la portera ha debido decirles que un señor había preguntado por ellos. Doña Nuria y su

Mujeres de Mihura, *Gutiérrez*.

marido se han quedado en la calle y sólo ha subido don Carlos, que, naturalmente, está en el ajo, para ver qué pasaba.

DOÑA PILAR.—Y ¿qué ha dicho don Carlos?

SOR MARÍA.—Como no pueden hablar de este asunto delante de mí porque es muy delicado para tratarlo delante de una religiosa, se han metido a hablar en la habitación del enfermo.

DOÑA PILAR.—¿Y el padre sabrá algo de este lío?

SOR MARÍA.—¿Qué padre?

DOÑA PILAR.—El de doña Nuria. El enfermo.

SOR MARÍA.—No es el padre.

DOÑA PILAR.—¿No?

SOR MARÍA.—¡Qué va! Todos ellos son de Venezuela, ¿no es eso?

DOÑA PILAR.—Eso dicen. Pero después de esto, cualquiera sabe...

SOR MARÍA.—No, eso, no. Si ellos lo dicen, es verdad, porque así, mentirosos, no lo parecen. Y una cosa es que carezcan de moral y otra que digan mentiras. Aunque acento venezolano más bien tienen poco...

DOÑA PILAR.—Poquísimo, eso he notado yo.

SOR MARÍA.—Y yo.

DOÑA PILAR.—Bueno... pero ¿por qué sabe usted que no es el padre?

SOR MARÍA.—Porque si son de Venezuela y han venido a España por primera vez y sólo han estado en Sevilla, ¿cómo es que lleva un pijama que se ha comprado en Pamplona?

DOÑA PILAR.—¿En Pamplona?

SOR MARÍA.—Sí. He visto la etiqueta al ponerle el termómetro...

DOÑA PILAR.—Puede que el padre sea de Pamplona y de pequeño emigrase a América. Y antes de marcharse se comprase el pijama.

SOR MARÍA.—Pero ¿cómo va a durarle un pijama cincuenta años?

DOÑA PILAR.—Si no se ponen, duran mucho.

SOR MARÍA.—Pero le estaría chico. Y le está grande.

DOÑA PILAR.—No será de él.

SOR MARÍA.—¿Quiere usted callarse?

DOÑA PILAR.—Es que no entiendo nada.

SOR MARÍA.—Mire usted. Lo que pasa es que no son creyentes, y al no ser creyentes ocurren estas cosas, que aprenden en las películas. Inmoralidades, y nada más que inmoralidades. Y todavía hay quien protesta porque dicen que cortan los besos en las películas... Pues si no los cortasen, no sé dónde íbamos a ir a parar. Esto lo vi yo bien claro desde el principio. ¡Un enfermo con fiebre alta y no tener ni un escapulario, ni una estampita de la Virgen sobre la mesilla de noche! Y eso que hace un momento he descubierto una cosa.

DOÑA PILAR.—¿Otra cosa, hija?

SOR MARÍA.—Hermana.

DOÑA PILAR.—Bueno, hermana.

SOR MARÍA.—Pues resulta que al ir a buscar un vaso de agua he entrado en el cuarto del matrimonio, he abierto un cajón de la mesilla de noche y en una caja había una medallita de plata de la Virgen de los Dolores.

DOÑA PILAR.—Y ¿qué?

SOR MARÍA.—Que es muy raro que unos ateos compren medallitas de la Virgen de los Dolores...

DOÑA PILAR.—Será para hacerle un regalo a una Lola.

SOR MARÍA.—Yo no sé para lo que será. El caso es que en la cajita pone: «Joyería Atienza. Calle de Ferraz, 104.»

DOÑA PILAR.—Y ¿qué?

SOR MARÍA.—Que no me explico por qué compran todo en la calle de Ferraz.

DOÑA PILAR.—Ni yo.

SOR MARÍA.—A no ser que les hagan descuento.

DOÑA PILAR.—Pues a lo mejor.

SOR MARÍA.—Bueno. No se preocupe, porque ya lo descubriremos. Usted lo que tiene que hacer es callarse y no decir nada.

DOÑA PILAR.—Nada, ¿de qué?

SOR MARÍA.—De nada. Usted déjeme a mí y ya verá como no se arrepiente. *(Llaman a la puerta con los nudillos.)* ¡Ah! Aquí están los otros.

DOÑA PILAR.—¿Qué otros?

SOR MARÍA.—El matrimonio ése, o lo que sea. (SOR MARÍA *abre la puerta y entran* FEDERICO *y* NURIA.) Ave María Purísima.

NURIA.—Sin pecado concebida.

FEDERICO.—Buenas.

DOÑA PILAR.—Buenas. *(Se quedan en pie, desconfiados, mirando a un lado y a otro. SOR MARÍA y DOÑA PILAR también los miran. Hay una pausa.)* ¿Y qué tal por ahí?

FEDERICO.—Pues ya ve usted.

SOR MARÍA.—Calorcete, ¿verdad?

FEDERICO.—Un poquito.

> *(Y* FEDERICO *y* NURIA *se sientan, igual que han hecho* SOR MARÍA *y* DOÑA PILAR.)*

NURIA.—¿Dónde está mi tío?

DOÑA PILAR.—En la habitación de su papá con otro señor.

SOR MARÍA.—Con ese amigo de ustedes que vive en la calle de Ferraz.

> (FEDERICO y NURIA *se miran asustados.*
> *No saben qué decir y se callan. Y de la*
> *izquierda salen* CARLOS y «EL DUQUE».)

SUÁREZ.—Hola.

CARLOS.—Hola.

FEDERICO.—Hola.

NURIA.—Hola.

> (Y *todos se sientan. Otra pausa violen-*
> *ta. Al fin empiezan a hablar.*)

CARLOS.—¿Ya estáis aquí?

NURIA.—Sí. Ya hemos venido...

SUÁREZ.—Yo llegué hace un rato.

FEDERICO.—¡Ah!

CARLOS.—Hemos estado hablando.

FEDERICO.—Claro...

NURIA.—¿Y papá?

CARLOS.—Mucho mejor...

FEDERICO.—Eso es lo que hace falta.

SOR MARÍA.—Desde luego.

SUÁREZ.—¿Cómo decía?

SOR MARÍA.—Que desde luego.

SUÁREZ.—Desde luego...

> (Y *hay una pausa. Se escucha de nuevo*
> *el mismo bolero que ya hemos oído.*)

FEDERICO.—Otra vez el disquito...

NURIA.—Sí. Otra vez.

CARLOS.—¡Qué lata!

SOR MARÍA.—¿Lata por qué?

SUÁREZ.—Por la letra, hermana. Que es muy inmoral...

DOÑA PILAR.—Verdaderamente, yo la encuentro verde...

SOR MARÍA.—Sí. Eso sí... Pero a mí este Lucho Gatica me gusta mucho.

SUÁREZ.—¡Ah! ¿Es Lucho Gatica?

SOR MARÍA.—Sí, Lucho Gatica. Canta muy bien...

> *(La situación se va haciendo cada vez más violenta.)*

NURIA.—¡Qué calor!

CARLOS.—Muchísimo...

FEDERICO.—En la calle se está mejor.

SOR MARÍA.—Correrá vientecillo.

FEDERICO.—¿Cómo?

SOR MARÍA.—Que correrá ventorro...

FEDERICO.—Sí. Algo corre.

SUÁREZ.—Y ¿por qué no nos vamos un rato a la calle?

CARLOS.—Mira. Es una buena idea.

FEDERICO.—Pues, hala, vamos...

NURIA.—Sí, vamos.

> *(Y precipitadamente se dirigen a la puerta del foro, por donde hacen mutis.)*

DOÑA PILAR.—¿Por qué se van otra vez?

SOR MARÍA.—Ahora van a saldar su cuenta don Federico y el de la calle Ferraz.

DOÑA PILAR.—¡Ah!

SOR MARÍA.—Y fíjese, todo por celos. Porque yo estoy segura que ella es inocente.

DOÑA PILAR.—¿Inocente?

SOR MARÍA.—Sí. Que la están pervirtiendo entre todos. Si yo pudiera hablar con ella y aconsejarla...

DOÑA PILAR.—Y ¿por qué no habla usted?

SOR MARÍA.—Porque como no hace más que entrar y

salir... Claro que yo estoy segura de que va a volver de un momento a otro. Los hombres preferirán hablar solos y a ella la mandarán aquí, porque entre todos la tienen dominada. Ya le dije yo a usted que la pegaban.

DOÑA PILAR.—¿El marido o todos?

SOR MARÍA.—Yo creo que la pegan todos. Pero el marido más.

DOÑA PILAR.—¿Por qué?

SOR MARÍA.—Porque ha nacido más pegón.

DOÑA PILAR.—Entonces, ¿qué piensa usted que debo hacer? Porque, al fin y al cabo, están en mi casa. Y ya le he dicho que en mi casa no quiero jaleos. Y como vuelvan otra vez los señores que vinieron ayer a ver el piso, yo se lo alquilo.

SOR MARÍA.—Usted, de momento, no debe hacer nada, porque lo podría estropear. Y lo que tiene que hacer es marcharse si viene doña Nuria. Y yo la hablaré y la daré consejos, que buena falta la están haciendo. ¿Ve usted? Ya está aquí.

DOÑA PILAR.—*(Extrañada.)* ¿Dónde?

SOR MARÍA.—Hija, pues aquí... ¿Es que está usted sorda? *(Y cuando va hacia la puerta, es cuando llaman con los nudillos. SOR MARÍA abre. Entra NURIA, muy humilde.)* Ave María Purísima.

NURIA.—Sin pecado concebida, hermana.

SOR MARÍA.—Ha preferido volver, a estar paseando por ahí. ¿No es eso?

NURIA.—Sí. Estoy un poco cansada...

SOR MARÍA.—Pues siéntese y descanse.

NURIA.—Gracias, hermanita. Ave María Purísima...

> *(Y se sienta. SOR MARÍA hace señas a DOÑA PILAR para que se vaya. DOÑA*

PILAR *comprende, y aunque le gustaría*
presenciar la escena, se levanta.)

Doña Pilar.—Bueno, pues yo me voy.

Sor María.—Adiós, adiós... Vaya usted con Dios, doña
Pilar...

Doña Pilar.—Si necesita algo, me llama...

Sor María.—Desde luego. Pero no se preocupe. No
tenemos prisa.

Doña Pilar.—De todos modos, si pasa algo, se asoma
por la ventana de la cocina y da un grito.

Sor María.—Descuide. Daré todos los gritos que sean
necesarios...

Doña Pilar.—Adiós...

Sor María.—Vaya usted con Dios.

(Y Doña Pilar *hace mutis por el foro.)*

Nuria.—¿Por qué ha dicho que grite si pasa algo? ¿Qué
puede pasar?

Sor María.—Se refiere a su papá de usted. Por si se
agrava el pobrecito...

Nuria.—¡Ah, ya!

(Y las dos sentadas, se miran sin saber
ninguna cómo empezar.)

Sor María.—Bueno... Y ¿qué?

Nuria.—Y ¿qué... qué?

Sor María.—¿Que si ha venido usted a decirme algo...?

Nuria.—¿Yo? No. No tengo nada que decirle...

Sor María.—¡Ah! Creí...

(Otra pausa. Sor María *mira sonrien-*
te a Nuria, *que cada vez se va poniendo*
más nerviosa. Hasta que no puede con-
tenerse más y pregunta de sopetón.)

NURIA.—Oiga, hermana, ¿usted qué piensa de nosotros?

SOR MARÍA.—¿Que qué pienso de ustedes? Pues lo peor, hija, lo peor...

NURIA.—¿Lo peor? ¿Por qué?

SOR MARÍA.—Porque lo sé todo.

NURIA.—¡No!

SOR MARÍA.—¡Sí!

NURIA.—*(Trata de disimular su inquietud.)* Bueno... ¿Pero el qué es todo?

SOR MARÍA.—Mire, Nuria... Si seguimos así no vamos a llegar a ninguna parte, y yo creo que las cosas no están para perder el tiempo.

NURIA.—No entiendo.

SOR MARÍA.—Lo entiende usted perfectamente. Quiero decir que sé en el lío que está usted metida...

NURIA.—¿Yo?

SOR MARÍA.—Sí, caramba... Usted. Y el señor de la calle de Ferraz. Y su tío y su marido. Y el que dice usted que es su padre y no es su padre. Y no trate usted de negarlo, porque tengo pruebas suficientes.

NURIA.—*(Aterrada.)* ¿Pruebas?

SOR MARÍA.—Sí. Pruebas... (NURIA *baja la cabeza, vencida. Se echa a llorar.*) ¡Pobrecita mía! ¡Mira que haber llegado a esto!... (SOR MARÍA *va hacia ella, cariñosa.*) Vamos, no llore usted, hija... Que con la ayuda de Dios todo se podrá arreglar.

NURIA.—*(Sorprendida.)* ¿Dice usted que se podrá arreglar?

SOR MARÍA.—Claro que sí. Dios aprieta, pero no ahoga. Lo que hace falta es que tenga usted fe en la Divina Misericordia...

NURIA.—*(Deja de llorar.)* Bueno. Explíquese. ¿Entonces es que no piensa denunciarnos a la Policía?

SOR MARÍA.—Pero ¿qué tiene que ver la Policía con este asunto? ¡Pues si la Policía fuese a intervenir cada vez que ocurre una cosa así, estaría aviada la Policía...!

(NURIA *empieza a no comprender nada.*)

NURIA.—Oiga... ¿Por qué bromea usted?...

SOR MARÍA.—¡Pero yo qué voy a bromear! Lo que pasa es que me ha hablado usted de la Policía cuando éste es un asunto que podemos arreglar entre nosotras dos.

NURIA.—¿Yendo a medias?

SOR MARÍA.—¿Cómo yendo a medias? ¿Pero usted de qué está hablando?

NURIA.—¿Y usted?

SOR MARÍA.—Yo de lo que trato es de salvarla, porque estoy segura de que está arrepentida de haberse metido en todos estos jaleos. ¿Es verdad o no?

NURIA.—Sí, hermana...

SOR MARÍA.—Y porque además usted es muy buena y ha tenido una infancia muy triste, porque sus padres no se ocupaban de usted ni de sus hermanitos...

NURIA.—*(Intrigada.)* ¿Y usted por qué lo sabe?

SOR MARÍA.—No lo sé... Pero me lo figuro...

NURIA.—¡No es verdad! ¡Usted sabe mucho de mí...! Desde que entró en esta casa no ha dejado de mirarme... Como si me conociera de algo...

SOR MARÍA.—No. ¿De qué iba a conocerla? Lo que pasa es que conozco a otras mujeres como usted, que están descontentas de sí mismas...

NURIA.—Sí. Eso me pasa a mí... Que no me gusto como soy.

Sor María.—Pues claro... ¿A que por las mañanas se levanta usted así, como muy cansada, y sin ganas de nada?

Nuria.—*(Sorprendida, pero ya confiada.)* Sí. Es verdad. Como si tuviera modorra. Siga, siga... Y ¿qué más?

Sor María.—¿Y a que por las noches, en cambio, se encuentra usted mucho mejor y tiene las ideas más claras y tarda muchísimo en dormirse...?

Nuria.—Es cierto... Como que a veces me estoy leyendo el *TBO* hasta las seis y media de la mañana... ¡Pero cómo me conoce usted! ¡Hay que ver qué talento! ¡Porque parece que no, pero yo soy muy complicada!

Sor María.—Tan complicada que hasta le gustaría tener un niño. ¿No es verdad?

Nuria.—¡Muchísimo! Sí, señora. Es mi única ilusión... Y cuando oigo llorar a alguno, me da mucha pena...

Sor María.—Es natural... Y esos seriales de la radio tan bonitos, también le harán llorar muchísimo...

Nuria.—Sí, hermana. Muchísimo... ¡Hay que ver...! ¡Es usted la única persona que me comprende...!

Sor María.—Claro que sí... Y usted esperaría otra cosa al unirse con Federico...

Nuria.—¡Para qué le voy a contar!... Pero es que Federico me engañó prometiéndome cosas que no existían y llenándome la cabeza de ilusiones... Y yo piqué...

Sor María.—Pues no hay que picar, hija...

Nuria.—Es que una está deseando abandonar la vida que lleva y pica en seguida. ¿Usted sabe lo que es la vida de cabaret?

Sor María.—Pues más bien poco. Pero estoy segura

de que eso del cabaret no puede gustarle porque usted está llena de sensibilidad. ¿Verdad que sí?

NURIA.—*(Infantilmente conmovida.)* ¡Nadie me ha dicho eso nunca! ¡Y es tan verdad!

(Y se echa a llorar de nuevo.)

SOR MARÍA.—Nadie se lo ha dicho, porque no quieren salvarla. Y yo, sí.

NURIA.—Y ¿cómo me quiere usted salvar?

SOR MARÍA.—Confiando en Dios sobre todo, y después en mí.

(NURIA se arrodilla a los pies de SOR MARÍA y dice acongojada.)

NURIA.—Y ¿qué puedo hacer para separarme de ellos? ¡Porque ellos son los que me obligan a estas cosas! ¡Yo nunca he querido! ¡Y no quiero verlos más! ¡No quiero!

SOR MARÍA.—Vamos, hijita, cálmese, que está usted muy nerviosa... Le voy a traer un vaso de agua de la cocina...

NURIA.—No. No se moleste... Ya iré yo...

SOR MARÍA.—No faltaba más... *(Y va hacia la puerta de la derecha, pero por esta puerta entran «EL DUQUE» y CARLOS con gesto poco tranquilizador. Se quedan quietos, cerca de la puerta.)* ¡Caramba! ¿Por dónde han entrado?

CARLOS.—Por la puerta de servicio... Tenemos llave.

SOR MARÍA.—¡Ah, claro!... Pues yo iba a buscar un vaso de agua para la señora, que se ha puesto un poquito nerviosa.

SUÁREZ.—*(Cerrándole el paso.)* No vaya a buscar nada. El agua puede sentarle mal... Le sentará mejor otra cosa.

NURIA.—¿Qué queréis decir? Yo he hecho lo que me habéis mandado. Hablar con ella.

SUÁREZ.—Has hablado demasiado, ¿no te parece? ¡Vamos, siéntate y a callar!

(NURIA *se sienta en un rincón, atemori-*
zada. SOR MARÍA, *en cambio, sigue tan*
tranquila.)

SOR MARÍA.—De todos modos, digan ustedes lo que
quieran, yo voy a buscar un comprimido para que se le
pasen los nervios... *(Y se va hacia la puerta de la izquierda.*
*Pero al ir a entrar aparece «*EL NENE*», completamente*
vestido y con el sombrero puesto. Se queda también junto
a esta puerta.) ¿Pero qué hace usted levantado?

NENE.—Usted a callar, señora.

SOR MARÍA.—¿A callar yo? ¿Qué falta de respeto es ésa?
¡Vamos! ¡Vuélvase a la cama, desvergonzado...!

NENE.—Menos gritos, monja, que estoy malo...

SOR MARÍA.—*(A los demás.)* ¿Pero ustedes están
viendo?

SUÁREZ.—Será mejor que cierre el pico.

SOR MARÍA.—Pero ¿por qué voy a cerrar el pico? ¡Pues
hasta aquí podían llegar las bromas! Y ahora mismo voy
a avisar a doña Pilar para que ponga orden en esta casa...

(*Y abre la puerta del foro, en donde*
aparece FEDERICO *con un gran paquete*
en la mano. Cierra la puerta y se queda
delante de ella.)

FEDERICO.—¿Adónde va usted?

SOR MARÍA.—A avisar a doña Pilar.

FEDERICO.—Será mejor que deje tranquila a doña Pilar.

SOR MARÍA.—¿Por qué?

SUÁREZ.—Porque nos da la gana a nosotros.

SOR MARÍA.—¡Ah! ¡Siendo así...!

(*Y ya* SOR MARÍA *se da cuenta, por la*
actitud y las miradas de todos, que algo

> *grave sucede.* FEDERICO *deja su envol-*
> *torio junto al mueble-bar.)*

SUÁREZ.—Siéntese aquí. En su butaquita.

SOR MARÍA.—Sí, señor... Con mucho gusto. No faltaba más...

> *(Y se sienta.* FEDERICO *y* CARLOS *se si-*
> *túan detrás de ella.* «EL DUQUE» *sigue*
> *en el mismo sitio.* NURIA *llora en su*
> *butaca.* «EL NENE» *se ha sentado en*
> *el sofá.)*

FEDERICO.—¡Calla, Nuria!

SOR MARÍA.—Sí, hija, calle. No sea usted pesada... (*Otra
pausa.* SOR MARÍA *se dirige al* «NENE».) Y ¿qué? ¿Entonces se encuentra usted mejorcito? («EL NENE» *no contesta.*)
Es que la penicilina, verdaderamente, es una maravilla.
Ya ve usted... Hace media hora en la cama, con fiebre y
todo. Y ahora aquí levantado, tan campante y con el sombrero puesto...

NENE.—¡Menos cháchara, monja...!

SOR MARÍA.—Sí, señor...

> *(Hay una pausa.* «EL DUQUE», *lenta-*
> *mente, se aproxima a ella.)*

SUÁREZ.—Oiga, hermana... ¿Usted es tonta o lista?

SOR MARÍA.—Yo me hago la tonta para lo que me conviene, como todo el mundo... Bueno, quiero decir para
lo que le conviene a nuestra Orden y a nuestros pobres...
Porque si supieran ustedes la cantidad de pobres que
hay por esos mundos a los que todos debemos socorrer...

SUÁREZ.—Hablemos claro. Lo sabe usted todo, ¿no es
verdad?

SOR MARÍA.—Bueno, todo, no. Alguna cosilla.

SUÁREZ.—¿El qué?

SOR MARÍA.—Es muy delicado de decir.

SUÁREZ.—Hable. ¿Qué sabe?

SOR MARÍA.—Pues, en primer lugar, que don Federico, el marido de la señora, había escondido la pistola en esta butaca para matarle a usted cuando viniera.

SUÁREZ.—¿Ah, sí?

SOR MARÍA.—Sí, señor. Para matarle a usted. Estoy segurísima.

SUÁREZ.—*(Se vuelve contra sus compinches, furioso.)* ¿Es verdad lo que dice?

FEDERICO.—*(Asustado.)* ¿Cómo va a ser verdad?

SUÁREZ.—¡Sí, es verdad! Pensabas traicionarme, ¿no es eso? Ya me estaba yo figurando algo... Estábais todos de acuerdo. ¡Contesta!

> *(Y le coge por la solapa de la chaqueta y le zarandea.)*

FEDERICO.—Te digo que es mentira. No fui yo. La pistola la guardó «El Nene».

SUÁREZ.—*(Al «NENE».)* ¿Eras tú entonces el que pensaba eliminarme?

> *(Y le echa las manos al cuello.)*

NENE.—¡Estoy muy malo, «Duque»!

SUÁREZ.—¡Contesta!

SOR MARÍA.—¡Oiga! ¡No pegue usted al «Nene», que está malito!

SUÁREZ.—¡Calle de una vez! ¡Y entrégueme esa pistola que se guardó!

SOR MARÍA.—Bueno, sí, señor...

> *(Y SOR MARÍA le devuelve la pistola, que SUÁREZ se guarda.)*

SUÁREZ.—Y ahora, siga... ¿Qué más sabe usted?...

SOR MARÍA.—Si se pone usted así, no sigo diciendo lo que sé...

SUÁREZ.—¿Por qué?

SOR MARÍA.—Porque yo no creí que la cosa tuviera tanta importancia...

SUÁREZ.—¿Por qué no se separa usted de esta maceta?

SOR MARÍA.—Porque está sequita, la pobre.

SUÁREZ.—Y ¿qué más?

SOR MARÍA.—¡Ay, hijos! Cuidado que se ponen ustedes preguntones...

CARLOS.—Vamos, desembuche...

SOR MARÍA.—Pero ¡qué modales!...

SUÁREZ.—Hable.

SOR MARÍA.—Pero si a lo mejor son figuraciones mías. Yo, lo único que sé es que usted le hace el amor a doña Nuria. Y que ella se ve con usted en una cafetería de la calle de Ferraz, que se llama Rancho Grande. Y que don Federico se ha dado cuenta y escondió aquí esa pistola para matarle cuando usted viniera. Porque la verdad es que el pobrecito tiene celos...

SUÁREZ.—*(Sorprendido, igual que los demás.)* ¿Cómo dice, hermana?

SOR MARÍA.—Lo ha oído perfectamente... Y usted es el culpable de todo y el más sinvergüenza. Claro que, como ninguno de ustedes cree en Dios, sólo pueden hacer sinvergonzonerías...

SUÁREZ.—¿Ah, sí?

SOR MARÍA.—Sí.

CARLOS.—¿De verdad?

SOR MARÍA.—Y tanto.

NURIA.—¿Y no sabe usted más, hermana?

SOR MARÍA.—¿Pero es que todavía les parece poco?

CARLOS.—En ese caso, usted lo que cree...

SOR MARÍA.—Lo que creo, no. Lo que estoy segura de que es. Y parece mentira que usted que es el tío de esta pobre criatura... (CARLOS *no puede contener la risa. Los demás ríen también nerviosamente ante la extrañeza de* SOR MARÍA.) Bueno, pero ¿a qué viene esa risa? Pues no veo que la cosa sea para reírse...

SUÁREZ.—No; desde luego que no...

CARLOS.—Es que nos ha hecho gracia que haya tomado usted tan en serio un asunto que no tiene importancia.

SOR MARÍA.—¿Cómo que no tiene importancia?

SUÁREZ.—Estas cosas son muy corrientes en América...

SOR MARÍA.—¿Ah, sí?

CARLOS.—Casos como el de ellos se dan allá en las mejores familias...

FEDERICO.—Lo de mi mujer y lo de este señor viene ya desde hace mucho tiempo...

SUÁREZ.—Por tanto, usted no debe meterse en estas cosas íntimas y limitarse a cuidar al enfermo.

SOR MARÍA.—Pero ¿cómo voy a cuidar a un enfermo que está levantado y con el sombrero puesto?

SUÁREZ.—Ahora se acostará otra vez y se quitará el sombrero. Anda, «Nene», vuelve a la camita, que ya es tarde...

NENE.—Sí. Y en realidad me encuentro gravísimo...

SUÁREZ.—Pues a acostarte.

NENE.—Buenas noches...

> («EL NENE» *se levanta y va hacia la puerta de la izquierda por donde hace mutis, mientras* FEDERICO *habla con* SOR MARÍA.)

FEDERICO.—De manera que usted va a ser formal, y a no meterse en nuestras costumbres privadas, ¿de acuerdo?

SOR MARÍA.—Sí, señor. De acuerdo.

CARLOS.—Y no comente esto con la dueña del piso, ¿comprende? Es una mujer de ideas antiguas y podría molestarle esta manera que tenemos nosotros de pensar.

SOR MARÍA.—Claro, claro... Diga usted que sí...

CARLOS.—Usted, en cambio, es mucho más moderna.

NURIA.—Y sobre todo, mucho más buena, hermana.

SUÁREZ.—¿Cómo buena? Un pedazo de pan. Si no hay más que verla ahí sentadita, con esa cara tan salada...

SOR MARÍA.—Desde luego, desde luego.

FEDERICO.—Y diga, hermanita, ¿no es hora ya de ponerle la segunda inyección?

SOR MARÍA.—¡Sí, es verdad! Con estos jaleos se me había olvidado. Voy a ir hirviendo la jeringuilla, en donde tengo el agua caliente... (*Y va a hacer mutis, pero se vuelve y se dirige al* «DUQUE».) ¡Ah! Una cosa. ¿Hay muchas joyas de valor en la joyería esa que está en la calle Ferraz, en frente del hotel donde usted vive?

> (*El optimismo se termina. Todos se vuelven a mirar sorprendidos y atemorizados.*)

SUÁREZ.—¿Por qué dice eso?

SOR MARÍA.—Porque la Madre Superiora del convento de Burgos tiene que comprar un collar para la Virgen. Y como supongo que ustedes, al entrar a comprar la medallita, se fijarían en las joyas de valor que había en la tienda, por eso lo pregunto... Bueno, pero después me lo dirán. No corre prisa. Ahora voy a hervir la jeringuilla para poner la inyección a nuestro querido enfermito.

(Y hace mutis por la derecha. Todos
quedan inquietos nuevamente.)

SUÁREZ.—¿Qué ha querido decir?

NURIA.—No puede estar más claro. Que lo sabe todo.

CARLOS.—¡Si no es posible! ¿Por qué ha dicho antes todo lo contrario?

SUÁREZ.—Y ¿cómo sabe ahora que yo vivo en el hotel enfrente de la joyería y que entramos a comprar la medallita para preparar el golpe? ¡Esto, desde luego, no es normal!

FEDERICO.—¡Sea lo que sea, a mí esta mujer me está volviendo loco!

CARLOS.—Pero ¿lo sabe o no lo sabe? ¿Sospecha, o no sospecha? ¿Es una monja, o no es una monja? ¿Sabe dónde están las joyas, o no lo sabe?

SUÁREZ.—¡Cualquiera lo sabe!

FEDERICO.—¿Qué hacemos, entonces?

NURIA.—Yo creo que lo mejor es no hablar con ella. A mí me da miedo.

FEDERICO.—Y a mí...

CARLOS.—Y a mí...

SUÁREZ.—Pues anda, que a mí...

FEDERICO.—Y ¿qué hacemos con el tiesto que hemos comprado?

SUÁREZ.—Lo que hemos decidido antes. Cambiarlo por el de las joyas. Vamos... En seguida...

NURIA.—¿No se dará cuenta?

FEDERICO.—No creo. El tiesto es casi igual.

SUÁREZ.—Tú, Nuria, vigila a ver si viene.

(Mientras NURIA *mira por la derecha*
para ver si viene la monja, FEDERICO
coge el paquete que traía y saca un ties-

*to con su planta, igual al que hay en
escena, sobre la mesita. Para que el movimiento resulte más rápido, el paquete
consiste en una bolsa de papel que a
manera de capuchón, se coloca encima
del tiesto.)*

FEDERICO.—Lo dejo aquí, ¿no es eso?

SUÁREZ.—Sí. En el mismo sitio. Y el de las joyas,
mételo en el paquete. Nos lo llevaremos en cuanto haya
ocasión.

CARLOS.—Pero ¿por qué no sacamos las joyas de
una vez?

SUÁREZ.—¡Porque siempre llega cuando las vamos a
sacar...! ¿Es que todavía no te has dado cuenta?

NURIA.—¡Cuidado! ¡Que viene!

SUÁREZ.—¿Lo estáis viendo? ¡Vamos! Deja el paquete
junto al mueble-bar.

> (FEDERICO *ha dejado el tiesto nuevo so-
> bre la mesita. Y oculta, junto al bar, la
> bolsa que cubre el que contiene las joyas.
> Entra* SOR MARÍA *con la jeringuilla en
> la mano.)*

SOR MARÍA.—Bueno. Pues ya está preparada la inyección.

CARLOS.—Qué pronto, ¿verdad?

SOR MARÍA.—Sí. Estas cosas las preparo yo en un peri-
quete. *(Y mira a todos, que, a su vez, no dejan de mirarla
a ella.)* Pues les he preguntado lo de la joyería, porque
una no entiende nada de estas cosas y estos son unos encargos muy delicados... Claro que mañana, en cuanto abran,
voy a ir. A las nueve en punto estaré allí...

SUÁREZ.—¿A las nueve?

Sor María.—Sí. A las nueve en punto... Antes sí sabía yo algo de estas cosas, porque como ustedes comprenderán no se nace monja, y hay quien llega a religiosa después de haber vivido una vida completamente distinta...

Nuria.—*(Dulce. Con una curiosidad infantil.)* Usted, por ejemplo, ¿qué hacía antes?

Sor María.—A los dieciocho años, yo lavaba platos en un cabaret de Tánger...

Suárez.—No me diga...

Nuria.—¿Es posible?

Sor María.—¿Por qué no? Ya les he dicho que no se nace monja. Y antes de serlo, he podido ser campesina, y festejar con los mozos del pueblo... O camarera de un café... O señorita de provincias que nunca encontró novio... Y he podido tener un padre decente o borrachín, y un hermano ladrón... En fin, una monjita, antes de serlo, ha podido ser otras muchas cosas... Y después, con esta experiencia, puede ayudar a los demás... Ea, voy a poner la inyección a nuestro enfermo... *(Y antes de hacer mutis se acerca al tiesto falso y lo mira.)* Parece que la planta se va poniendo más tiesecita, ¿verdad?...

Nuria.—Sí.

Sor María.—Después le voy a echar una tableta de aspirina entre la tierra, y se recobrará más todavía. ¿No saben ustedes que con la aspirina las flores y las plantas se conservan más?

Suárez.—No. No lo sabíamos...

Sor María.—Pues sí. Así es... Vuelvo en seguida.

> *(Y hace mutis por la puerta de la izquierda, que cierra.)*

Federico.—¡No se ha dado cuenta de que hemos cambiado el tiesto...!

CARLOS.—No. Parece que no.

NURIA.—Pero ¿qué ha querido decir con lo de Tánger? ¿Cómo es posible que trabajase de lavaplatos en un cabaret?

SUÁREZ.—¡Y yo qué sé!

NURIA.—¿Y lo del padre decente o borrachín, y el hermano ladrón? ¿Qué es lo que ha querido darnos a entender? Cada vez dice una cosa nueva para sorprendernos...

FEDERICO.—Y ¿qué es lo que pretende con eso? ¿Jugar con nosotros al ratón y al gato?

NURIA.—Y, sin embargo, todo lo dice con dulzura, sonriendo, como si fuera de buena fe y quisiera advertirnos de algo...

CARLOS.—¡Déjate de cuentos! Lo que hace falta es marcharnos de aquí. Y cuanto antes, mejor.

SUÁREZ.—¿Y el atraco de mañana, entonces? ¡No podemos suspender un golpe tan bonito!

CARLOS.—¿Después de lo que ha dicho de la joyería? Sabe el número y la calle. Y a las nueve en punto va ella.

NURIA.—¡A la misma hora que nosotros pensábamos ir!

FEDERICO.—Y ¿por qué lo sabe? ¿Quién se lo ha dicho? ¡Tú!

SUÁREZ.—Nuria no ha dicho nada, no seáis estúpidos...

NURIA.—Ha debido registrar el cajón de la mesilla de noche, en donde yo metí la medallita.

CARLOS.—Y ¿por qué no la tiraste?

NURIA.—Convinimos en volver a entrar en la joyería con el pretexto de cambiar la medalla por otra cosa. Por eso no la saqué de la cajita.

FEDERICO.—Y ¿por qué no la escondiste en otra parte?

NURIA.—¿Para que ocurriese como con la pistola?

(«EL DUQUE» *impone su autoridad de
jefe, ante el desconcierto de los otros.*)

SUÁREZ.—¡No debemos perder la calma! ¡Tenemos miedo, y por eso todo lo que nos dice nos pone nerviosos y nos parece sobrenatural...! Pero no sabe nada. No puede saber nada. ¿Por qué va a saberlo? No tiene ninguna prueba contra nosotros, porque de lo contrario ya hubiera avisado a la Policía. ¡Todo son figuraciones nuestras y nada más que figuraciones!

(*Se oye al «NENE» que grita.*)

NURIA.—Le está poniendo la inyección.

CARLOS.—¡Ahora es el momento de marcharnos de aquí con las joyas!

(*Y va hacia el paquete que hay junto al bar. Pero* SOR MARÍA *sale de la izquierda.* CARLOS *se queda quieto.*)

SOR MARÍA.—Se le olvidó quejarse cuando le estaba poniendo la inyección, y ahora que ya he terminado, es cuando empieza a dar gritos... ¡La verdad es que el hombre me ha pillado una manía! Y, además, el trabajo que me costó ponérsela, porque como se ha empeñado en meterse en la cama vestido y con los zapatos puestos... (*Al ver que todos la miran callados.*) ¿Les pasa a ustedes algo?

SUÁREZ.—No, no, nada...

(SOR MARÍA *se acerca al tiesto y saca del bolsillo un tubo de aspirina, con su estuche de cartón y todo.*)

SOR MARÍA.—Ahora le voy a echar al tiesto una tableta de aspirina, porque como les dije antes esto hace revivir mucho las plantas. He encontrado este tubo en la mesilla de noche de nuestro enfermo y me ha dicho que lo compró en Sevilla cuando empezó a notar los primeros síntomas de su catarro. ¿Es verdad?

NURIA.—Sí. Se lo compré yo.

SOR MARÍA.—Pues yo hago colección de las etiquetas que van pegadas en los envases de cartón con el precio. Y me la he guardado.

SUÁREZ.—¿Por qué, hermanita?

SOR MARÍA.—Pues por eso. Porque hago colección. Y porque en ésta, a pesar de haberla comprado en Sevilla, pone: «Farmacia García. Burgos.» (*Todos se sobresaltan al máximo.* FEDERICO *y* CARLOS *van a echar mano de sus pistolas. Pero la monjita continúa hablando con su tono más candoroso.*) ¡Mira que poner Burgos! ¡Como si ustedes hubieran estado alguna vez en Burgos...! (*Y ahora se levanta de su butaca y va corriendo hacia la puerta del foro.*) ¡Ah! Aquí viene doña Pilar...

(*Y suena el timbre al mismo tiempo que abre la puerta* SOR MARÍA *y entra* DOÑA PILAR, *con un mantel grande en la mano y una cesta con pan. La actitud de todos le sorprende un poco, pero no dice nada.* FEDERICO, CARLOS, NURIA *y* «EL DUQUE» *están en tensión, decididos a sacar sus pistolas si es necesario.* DOÑA PILAR *tiene curiosidad por saber lo que pasa, pero se aguanta esa curiosidad. Y* SOR MARÍA *está tan tranquila como siempre.*)

DOÑA PILAR.—Hola, buenas noches.

SOR MARÍA.—Ave María Purísima. ¿Qué dice usted de nuevo?

DOÑA PILAR.—Pues ya ve... Como no me ha llamado usted, he subido yo...

SOR MARÍA.—Muy bien hecho. Siéntese...

DOÑA PILAR.—Gracias. *(Y se sienta y no sabe qué decir.)* ¿Ha ocurrido algo?

SOR MARÍA.—No. Nada. ¿Qué es lo que iba a ocurrir?

DOÑA PILAR.—¿Y el enfermo?

SOR MARÍA.—Pues yo le encuentro bastante mejor. Ya se ha levantado un ratito y ha dado un paseo por aquí.

DOÑA PILAR.—¿Ah, sí?

SOR MARÍA.—Sí.

DOÑA PILAR.—¿Y no se enfriará?

SOR MARÍA.—No hay cuidado. Se ha puesto su sombrero y todo. Y su corbata.

DOÑA PILAR.—*(Sin comprender nada.)* Ah, bueno... Siendo así... Pues yo me he subido un mantel y el pan para ir poniendo la mesa en el comedor... Y cuando ustedes quieran la chica subirá la cena...

SOR MARÍA.—No corre prisa. *(Y se fija en el mantel y lo coge.)* ¡Qué mantel tan bonito! ¡Y el bordado que tiene es precioso...!

DOÑA PILAR.—Sí. Es muy mono...

SOR MARÍA.—¡En nuestro convento estamos tan mal de mantelerías...!

DOÑA PILAR.—Sí, hermanita. Ya lo comprendo. *(Y le quita el mantel.)* No he subido antes porque ha venido a casa el marido de la señora que vino ayer a ver el piso...

SOR MARÍA.—¡Ah!

DOÑA PILAR.—Y está decidido a alquilarlo.

SOR MARÍA.—¡Qué suerte!

DOÑA PILAR.—Él es comisario de Policía y viene destinado aquí desde Valencia. Por eso busca un piso provisional.

SOR MARÍA.—Claro.

DOÑA PILAR.—Aunque se lo ha explicado muy bien su mujer, quería subir ahora a ver el piso. Pero yo le he dicho que venga mañana, porque a lo mejor molestaba a estos señores...

SOR MARÍA.—Pues a lo mejor.

DOÑA PILAR.—¡Ah! Y me ha estado hablando del atraco de Burgos.

SOR MARÍA.—¿De qué atraco?

DOÑA PILAR.—De ése de la joyería.

SOR MARÍA.—¡Ah! ¿Sí? ¿Y qué le ha dicho?

DOÑA PILAR.—Que no se han ido al extranjero como pensábamos nosotros, sino que están en Madrid y se les piensa coger de un momento a otro.

SOR MARÍA.—Mira qué bien...

DOÑA PILAR.—Y que se trata de unos aficionados; de esos que han salido ahora copiando los atracos que ven en las películas.

SOR MARÍA.—Y ¿qué más?

DOÑA PILAR.—Que han preparado coartadas en Aranjuez y no sé cuántos sitios, pero que son tontos...

SOR MARÍA.—Eso me parece a mí...

DOÑA PILAR.—Y que el joyero está muy bien de salud y no ha perdido nada, porque estaba asegurado y todo lo paga el Seguro. Y ya sabe usted que los Seguros están podridos de dinero...

SOR MARÍA.—Desde luego. ¡Menudos edificios que tienen...! En cambio nuestros queridos pobres...

DOÑA PILAR.—Total, que es un señor muy simpático que no tiene inconveniente en esperar a que estos señores

se vayan para ocupar el piso. Si es que estos señores se
van, claro...

SOR MARÍA.—(*A* CARLOS.) Pues yo creo que sí, ¿verdad?

CARLOS.—Como mi hermano ya se encuentra mejor...

DOÑA PILAR.—De todos modos ustedes no pueden marcharse hasta que don Cosme esté restablecido.

FEDERICO.—Posiblemente nos tengamos que marchar
antes.

SUÁREZ.—Mis amigos han tenido noticias de Venezuela y tienen que adelantar el viaje.

CARLOS.—Figúrese... No tenemos más remedio...

DOÑA PILAR.—¡Les digo a ustedes que no! ¡Pues estaría bueno! Parecería que les he echado. De aquí no se
mueven ustedes hasta que pasen lo menos quince días. Mañana, cuando venga el comisario, se lo diré, y entre ustedes se pondrán de acuerdo... Y ahora voy a ir poniendo la
mesa, que ya es bastante tarde. (*Y va hacia la derecha.*)
¿Me ayuda usted, hermanita?

SOR MARÍA.—No faltaba más...

(*Y hace mutis detrás de* DOÑA PILAR.)

SUÁREZ.—¡Hay que largarse! ¡Ya habéis oído lo del
policía!

CARLOS.—¡Y la monja tiene la etiqueta de la farmacia!

SUÁREZ.—Pero ¿cómo pudiste olvidar una cosa así?

FEDERICO.—¡Son tantas cosas las que hemos olvidado!

NURIA.—Lo primero a Dios. Y así nos va...

CARLOS.—¡Calla, sinvergüenza!

SUÁREZ.—Hay que salir de aquí inmediatamente. Tenemos el coche... Podemos huir por carretera...

NURIA.—¡Nos pillarán de todos modos! ¡Y yo no quiero volver con vosotros!

FEDERICO.—¿Qué tonterías estás diciendo?

NURIA.—¡Que no quiero seguiros! Debemos devolver las joyas y entregarnos.

FEDERICO.—*(Amenazador.)* Tú harás lo que todos, ¿te enteras? ¿Qué es lo que te ha dicho la monja para que ahora pienses así?

SUÁREZ.—¡Vamos, de prisa! *(A CARLOS.)* Tú, avisa al «Nene» para que se vaya preparando. Y vosotros venid conmigo. *(Abre la puerta de la escalera.)* Tú, Nuria, sal primero.

NURIA.—¡No!

SUÁREZ.—¡Sin rechistar, demonio!

> *(Y la hace salir de un empujón.)*

CARLOS.—¿Y el paquete con la maceta?

SUÁREZ.—Lo sacarás tú, mientras yo acerco el coche al portal y Fede despeja el camino en la portería, en donde puede haber mirones... *(A FEDERICO.)* ¡Vamos, andando...! *(FEDERICO hace mutis.)* Y, vosotros, daros prisa...

> *(Y también hace mutis por la puerta del foro, que deja cerrada. CARLOS entra en la habitación de la izquierda. Y al quedarse sola la escena entra SOR MARÍA por la derecha y, al no ver a nadie, dice.)*

SOR MARÍA.—Pero ¿dónde se habrán metido ahora...? La verdad es que cada vez entiendo menos a estos extranjeros... *(Va al tiesto que hay sobre la mesa.)* ¡Y mira que haberme cambiado el tiesto! ¡Por lo visto, los pobrecitos se han debido creer que soy tonta...! *(Y va hacia el mueble-bar, saca de la bolsa su maceta, la pone sobre la mesa, y el tiesto falso le vuelve a meter en la bolsa, que deja donde estaba. Cuando lo ha hecho, sale CARLOS sigi-*

losamente por la izquierda, que se asusta al ver a Sor
María.) Hola, don Carlos.

Carlos.—Hola.

Sor María.—¿Dónde están los demás?

Carlos.—Ahí dentro, con mi hermano, que está un
poco fatigado. ¿Quiere usted traerle un vaso de agua?

Sor María.—Pues claro que sí. No faltaba más...

Carlos.—Muchas gracias, hermana...

Sor María.—No hay de qué darlas.

> (Sor María *hace mutis por la derecha,
> al mismo tiempo que* «El Nene», *vestido y con su maleta, se asoma por la
> puerta de la izquierda.*)

Nene.—¿Ya?

Carlos.—Ya. Vete saliendo.

> (Mientras «El Nene» *sale por la puerta de la escalera,* Carlos *agarra el paquete con el tiesto que hay junto al
> bar. Y con él debajo del brazo sigue al
> «*Nene*» y hace mutis cerrando la puerta. Un instante después entra* Sor María *con un vaso de agua en la mano.
> Va a ir hacia la habitación de* Don Cosme, *pero, al ver que el paquete no está
> ya junto al mueble-bar, sonríe, suspira,
> se sienta en su butaca y se bebe el vaso
> de agua.*)

Sor María.—¡Ea, esto se acabó! A quien Dios tiene,
nada le falta, sólo Dios basta...

> (Y entra Doña Pilar *por la derecha.*)

Doña Pilar.—Bueno, pues ya está todo preparado.
¿Y la familia?

SOR MARÍA.—Se han ido.

DOÑA PILAR.—¿Adónde?

SOR MARÍA.—¡Ah! No sé. A lo mejor, a Rancho Grande.

DOÑA PILAR.—¿Y el enfermo?

SOR MARÍA.—También se ha marchado.

DOÑA PILAR.—Pero, bueno... ¿Usted qué jaleo ha armado aquí?

SOR MARÍA.—Yo no he armado ningún jaleo. Han sido ellos que se han enfadado.

DOÑA PILAR.—¿Que se han enfadado por qué?

SOR MARÍA.—A lo mejor por ese afán suyo de alquilar el piso en seguida. No se puede tener unos inquilinos en casa y estarle enseñando el piso a otros.

DOÑA PILAR.—Pero yo les he dicho que no tenía prisa.

SOR MARÍA.—Pues de todos modos se han enfadado y se han ido.

DOÑA PILAR.—¿Quiere que le diga una cosa, hermanita? Que a mí esta gente me da muy mala espina, y que me alegro que se hayan ido. Y que, además, creo que no se han ido por lo que usted dice.

SOR MARÍA.—¿Por qué otra cosa, entonces?

DOÑA PILAR.—No se lo he dicho antes, para no asustarla. Pero he llegado a pensar que se trata de los atracadores de Burgos...

> *(Una pausa.* SOR MARÍA *la mira sonriente. Después dice.)*

SOR MARÍA.—¡Qué disparate!

DOÑA PILAR.—¿Por qué va a ser un disparate?

SOR MARÍA.—Porque ellos estaban en Sevilla cuando se cometió el atraco de Burgos.

DOÑA PILAR.—Sí. Eso sí es verdad.

SOR MARÍA.—¿No se acuerda que le trajeron de allí una muñeca?

DOÑA PILAR.—Sí, claro. La gitana...

SOR MARÍA.—Lo que pasa es que como no son creyentes, resultan así de raros. Pero no debemos pensar otra cosa de ellos... Bueno, en fin. Y yo me voy a ir...

        (Se levanta y prepara sus cosas.)

DOÑA PILAR.—¿Sin cenar?

SOR MARÍA.—No tengo apetito y se me está haciendo ya muy tarde. Y, además, ¿qué pinto yo aquí si el enfermo se ha marchado? *(Va hacia su tiesto y acaricia las hojas de la planta.)* Y eso que me da tanta pena separarme de mi plantita... ¿Ha visto usted cómo se ha puesto? ¡Me gustaría tanto seguirla cuidando!...

DOÑA PILAR.—¡Pues llévesela usted...!

SOR MARÍA.—¿De verdad me la da?

DOÑA PILAR.—Claro que sí, hermana...

SOR MARÍA.—*(Coge el tiesto con ilusión. Lo mira amorosamente. Está emocionada.)* No sabe lo que se lo agradezco. Lo consultaré con nuestra querida Madre Superiora y lo pondré en el jardín de nuestro convento. Y después, a lo mejor, si ella me da permiso, se lo regalaré a uno de nuestros pobres... Hay tantos necesitados, ¿sabe usted?, a los que hay que ayudar sea como sea... Y sólo con poder poner un tiesto con flores en una ventanuca de su casa, ya se consideran dichosos y felices, ¡como si tuvieran un tesoro!... Bueno, me voy... Que Dios se lo pague.

        (Y se dirige hacia la puerta.)

DOÑA PILAR.—Vaya usted con Él...

        (Al llegar a la puerta y abrirla, SOR MARÍA se vuelve al centro, donde se ha quedado DOÑA PILAR.)

SOR MARÍA.—¡Ay, mi tapetito! ¡Que se me olvidaba!

DOÑA PILAR.—Tome usted, hermana.

(Y le acerca el tapetito.)

SOR MARÍA.—Ave María Purísima...

DOÑA PILAR.—Sin pecado concebida...

(Y SOR MARÍA hace mutis por la puerta del foro mientras cae el telón.)

TELÓN

NINETTE Y UN SEÑOR DE MURCIA
COMEDIA EN DOS ACTOS, EL PRIMERO DIVIDIDO EN UN PRÓLOGO Y DOS CUADROS

(Premio Nacional de Literatura
«Calderón de la Barca», 1964)

Esta obra fue estrenada en el Teatro de la Comedia, de Madrid,
la noche del 3 de septiembre de 1964

PERSONAJES

ANDRÉS
BERNARDA
ARMANDO
PEDRO
NINETTE

La acción, en París. Época actual

ACTO PRIMERO

PRÓLOGO

*(Al levantarse el telón vemos una gran
cortina que está cerrada. Y por la aber-
tura central de esta cortina entra en escena* ANDRÉS, *un hombre vulgar que,
aparentemente, no debe rebasar los cuarenta años. En la mano derecha lleva
una maleta y en la izquierda un periódico regional. Viste decentemente, pero
sin esmero. Traje oscuro, corbata negra
y sombrero flexible. Deja la maleta en
el suelo a su lado, se descubre para sa-
ludar al público y después empieza a
hablar.)*

ANDRÉS.—Buenas noches, señoras y señores. Yo me
llamo Andrés Martínez Segura, he cumplido treinta y cinco años de edad y soy de Murcia. Lo cual no tendría nada
de extraordinario si no fuera porque es que, además, vivo
siempre en Murcia... Hasta hace siete meses que murió mi
tía Eugenia, he vivido a expensas de ella y la he ayudado
a llevar su negocio de papelería y librería —especializada

en devocionarios y recordatorios de primera comunión—
que ahora he heredado yo, juntamente con unas trescientas
mil pesetas en metálico. Esto justifica que antes de poner-
me definitivamente al frente de la librería decidiese pasar
unos quince días en París, para ver París, para dar un paseo por el Sena y para tener una aventura con una francesa,
ya que mi vida amorosa ha sido poco intensa. No porque
yo tenga una marcada tendencia a la castidad, sino porque
en Murcia, como en cualquier capital de provincia, siendo
soltero, no se presentan demasiadas ocasiones de demostrar
que se es hombre, a no ser que se líe uno a bofetadas con
el camarero de un café... Como yo soy de derechas y vendo catecismos en la librería, no considero apropiado liarme
a mamporros con mis clientes. Y como tampoco puedo
hacer lo otro, estoy un poco incómodo en la vida, y, según
algunas virtuosas amigas de mi tía, estoy cargado de manías... Yo sé que para estos casos, y sobre todo viviendo en
provincias, se ha inventado el matrimonio. Pero quizá el
vivir con mi tía y ver cómo trataba a mi difunto tío y
cómo le tenía dominado, me hizo desde chico aborrecer
este lícito procedimiento para resolver estas manías... En
resumidas cuentas que decidí pasar quince días en París,
porque yo tenía la intuición de que el amor en Francia era
completamente distinto que en España, y, además de ser
más fácil, era, como consecuencia, más alegre. Y, además,
porque yo estaba ansioso de libertad. Una libertad que,
por el ambiente en que vivía, no había tenido nunca... Fue
entonces cuando se me ocurrió escribir a mi amigo Armando Espinosa, que vive en París desde hace cuatro años
como delegado de una firma exportadora de conservas, di-
ciéndole que me buscase habitación en un hotel, no muy
importante, pero sí confortable y a poder ser a orillas del

Sena. Y le recomendé mucho que el conserje, o el propietario, o la camarera, supiesen un poco de español, pues yo el francés, aunque lo entiendo algo, no lo sé hablar, y sólo en momentos de extrema gravedad puedo aventurarme a decir un *oui*, o un *merci*, pero sin estar plenamente seguro del significado de estas palabras... Entonces Armando me contestó diciéndome que después de unas gestiones muy laboriosas había encontrado por fin lo que yo necesitaba. Y que ya podía estarle agradecido. Y que lo iba a pasar divinamente. Y que, desde luego, como era natural, me iría a esperar a la estación. Pero que si por casualidad no podía ir, que tomase un taxi, que le enseñase al chófer las señas que me mandaba escritas en un papel y que él iría a estas señas a reunirse conmigo. Y que me reservaba una sorpresa fenomenal para esa misma noche. Y llegué a París, en donde, como era natural, no me estaba esperando mi amigo Armando. Y tuve que tomar el taxi. Y todo sucedió como van ustedes a ver... En seguida vuelvo a estar con ustedes...

> (ANDRÉS *ha recogido la maleta y hace mutis por el centro de las cortinas, mientras oímos en un tocadiscos la canción francesa* Julie, le Rousse. *Las cortinas se van abriendo lentamente y con la música empieza el cuadro primero.*)

CUADRO PRIMERO

Habitación que hace las veces de recibimiento, comedor y cuarto de estar en una casa modesta y pintoresca de un barrio popular de París. Todo el decorado, con ángulos

muy irregulares, está empapelado al gusto francés. En el
paño del foro, a la izquierda, puerta de entrada al piso,
con forillo de escalera. Otra puerta, a la derecha del foro,
que conduce a un pasillo y este pasillo a otras habitaciones de la casa. Entre las dos puertas, hay un aparador.
En el lateral izquierdo, una gran ventana que da a la calle
y por la que vemos algunos tejados de París. En el lateral
derecho, una puerta por la que se entra a un dormitorio.
Y, en este mismo lateral, un frigorífico. Como muebles,
hay un sofá y una butaca a la derecha, en primer término,
y, a la izquierda, una mesa redonda con tres sillas alrede-
dor. Una lámpara que pende del techo sobre la mesa. Un
espejo y algún otro mueble complementario. Y un teléfono
de pared, en la derecha. También hay una cuerda colgada
desde el paño del foro al lateral derecho, con alguna ropa
tendida. Y algunos cuadros adornando las paredes. Y entre
estos cuadros, en lugar muy destacado, una fotografía am-
pliada de Pablo Iglesias, otra de Lenin y otra de Alejandro
Lerroux. Son las seis de la tarde. Aún es de día

(Y al abrirse las cortinas vemos a ma-
dame BERNARDA *que, alegremente, ba-*
rre con una escoba la habitación, mien-
tras tararea la canción que seguimos
oyendo en el tocadiscos. Madame BER-
NARDA *es una mujer de unos sesenta*
años, que viste graciosamente y va to-
cada con un sombrero muy de estilo
francés. En un momento dado deja de
barrer, se levanta las faldas, se baja la
liga de la pierna izquierda por debajo
de la rodilla, y después continúa su fae-

*na, que ahora es interrumpida por el
sonido de la campanilla de la puerta.
Deja la escoba en cualquier parte y abre
la puerta. Aparece* ANDRÉS, *siempre con
su maleta y bastante asombrado de todo
lo que ve.)*

BERNARDA.—Bon soir, monsieur. Que c'est que vous
voulez?

ANDRÉS.—Perdón... Moi...

BERNARDA.—¡Pues claro que sí! Naturalmente... Monsieur Martínez, ¿no?

ANDRÉS.—Oui.

BERNARDA.—Pero pase usted, mon cherí, pase usted...

ANDRÉS.—Gracias, muchas gracias...

(Y ANDRÉS *avanza, mientras* BERNARDA *cierra la puerta y sigue hablando.
La música del tocadiscos ha dejado de
oírse.)*

BERNARDA.—Debe usted perdonarme que esté todo un
poco en desorden, pero es que sólo dispongo de muy pocos
minutos pour faire le menaje de la maison, ¿vous comprenez?

ANDRÉS.—Ouí, ouí...

BERNARDA.—Y es que yo trabajo fuera de casa y sólo
en los ratos libres puedo dedicarme un poco a estas tareas... Mais asseyez-vous, asseyez-vous...

ANDRÉS.—Ouí, ouí...

*(Y después de dejar la maleta en el
suelo, se sienta tímidamente en una de
las sillas de la izquierda.)*

BERNARDA.—Oh, no, no, mon petit! Qué c'est que vous
fait? ¡Oh, no! (ANDRÉS *se levanta asustado y* BERNARDA

le señala la butaca.) Aquí, aquí... En esta butaca... Estará usted mucho más cómodo, monsieur... Ce n'es pas vrai?

ANDRÉS.—Ouí, ouí...

> *(Y* ANDRÉS *se sienta en la butaca, mientras* BERNARDA, *que no cesa de hablar ni de moverse, va recogiendo la ropa tendida, que mete en una especie de bolsa con ruedas que hay en algún rincón de la derecha.)*

BERNARDA.—Ésta es la butaca en la que se sienta siempre mi marido para leer el periódico cuando regresa de su trabajo en la Citroën. Porque él trabaja en la Citroën y tiene un buen sueldo. ¡Oh, sí! Aquí se paga bien el trabajo, monsieur, y no como en España, vous savez?

ANDRÉS.—Ouí, ouí...

BERNARDA.—¿Siempre allá el mismo régimen?...

ANDRÉS.—Pues ouí, pues ouí...

BERNARDA.—Toujours monsieur Valdavia...?

ANDRÉS.—Allí está...

BERNARDA.—Oh, lá, lá, quel domage! Y bien, monsieur... Pues, a pesar de todo, la vida aquí en París también es cara y yo ayudo a la casa atendiendo mi pequeño establecimiento de verduras al final de esta calle. Porque en España yo vendía verduras y mi madre también vendía verduras y mi abuela las vendió también. Ha sido toda una gran dinastía de verduleras, ¿comprende, señor? ¿Por qué entonces, si yo vivo en París hace ya treinta años, no voy a seguir vendiendo verduras? C'est normal, ¿no? Es mi debilidad vender verduras... Pero con la diferencia, monsieur, que en España una verdulera es una verdulera y en París una verdulera es una verdadera señora, vous comprenez? Y yo llevo sombrero de la mañana a la noche y los clientes me llaman madame... Y soy una madame de los pies a la cabeza... Excussez-moi... (*Y se levanta la falda y, después de rascarse, se baja la liga de la pierna derecha.*) Es la circulación, vous savez?

ANDRÉS.—Ouí, ouí...

BERNARDA.—Mi hija, que también trabaja, quiere que yo deje de vender verduras y que me dedique sólo a la casa, pero yo no puedo con la casa. Mi vida, desde siempre, ha sido estar en la calle y si no estoy en la calle, parece que me ahogo... Entonces su amigo, monsieur Armand, que es cliente mío, me dijo un día: «Madame Sánchez, ¿usted sabe de alguna pensión que esté bien y confortable para un amigo mío español que viene a París a pasar unos quince días?» «Bien sûr», le contesté. «En mi propia casa puedo ofrecerle una habitación que nunca utilizamos. No he alquilado nunca habitaciones, pero tratándose de un amigo suyo y teniendo yo una habitación libre...» «Pero es que mi amigo —me dijo monsieur Armand— viene a conocer París y a divertirse un poco y quisiera tener libertad para entrar y salir...» «Bien sûr —le dije yo—. Es lógico que el pobre pequeño quiera divertirse viniendo de España. Y en nuestra casa tendrá toda la libertad que quiera.» ¡Figúrese, libertad a nosotros! Vea usted estos retratos... Pablo Iglesias, éste. Y éste, Lenin. Y éste don Alejandro. ¿Eh? ¿Qué más libertad quiere usted?... «¿Habla francés su amigo?», le pregunté. «No. Él es de Murcia y no ha salido nunca de Murcia.» «Entonces, mejor —fue mi comentario—. Así, en nuestra casa podrá hablar en español todo lo que quiera.» Porque no hay nada peor que llegar a París y no poder hablar. ¡Oh, no poder hablar es terrible!... Vous savez?

ANDRÉS.—Ouí.

BERNARDA.—Y el precio ya lo sabe. Quince francos nuevos por día, incluyendo le petit dejeneur... ¿Eh? D'acord?... Y ahora levántese y le enseñaré la habitación. Par icí, monsieur. *(Y abre la puerta del lateral derecho y* ANDRÉS *ve la habitación desde la puerta, y la habitación, desde luego, no le gusta nada.)* Charmant, no? Es interior, pero no importa, porque supongo que se pasará usted todo el día en la calle... ¡Oh, París!... Le gusta la chambre, ¿verdad?

ANDRÉS.—Sí, sí...

BERNARDA.—Bon. *(Y cierra la puerta.)* Y ahora, venga... Par icí, monsieur... Desde esta ventana se ve París. No todo París, es claro, pero por quince francos no puede usted vivir en la Torre Eiffel, naturalmente. A la izquierda hay un viejo convento y verá usted muy bien el viejo convento. Y, al lado, un bar. Pero tres calles más arriba está Place Pigalle. ¿Eh? Ya habrá oído hablar de Place Pigalle... París la nuit, mon vieux! De modo que si usted se asoma a la ventana oye desde aquí el ruido de los coches que pasan por la Place Pigalle. ¡Qué situación, no! Además, la vecina del piso de al lado es escultora y mientras modela pone discos. Podrá usted oír toda la música que quiera. Vous aimez la musique, monsieur?

ANDRÉS.—Ouí, ouí...

BERNARDA.—Bon. *(Y va a la puerta del pasillo.)* Al fondo de este pasillo están nuestras habitaciones y le cabinet de toilette. Cinco francos por baño, monsieur. Y de independencia toda la que quiera. Mi marido trabaja y cuando no trabaja está en el bar. Mi hija trabaja, yo trabajo... La casa para usted. Tome este llavín. Con él podrá salir y entrar cuando se le antoje. Todos tenemos llavín, para no molestar. *(Y le da un llavín que ha cogido del aparador.)* Tout d'acord?

ANDRÉS.—Ouí, ouí...

BERNARDA.—Pero siéntese, monsieur, siéntese... Icí... Icí...

ANDRÉS.—Merci...

>   (Y ANDRÉS, *al que madame* BERNARDA
>   *no le deja hablar y por este motivo cada*
>   *vez se está poniendo de peor humor, se*
>   *vuelve a sentar en la butaca, y* BERNAR-
>   DA, *a su lado, en el sofá.*)

BERNARDA.—Y cuénteme cosas, monsieur, no esté siempre callado, voyons... Yo me llamo Bernarda y puede usted llamarme madame Bernarda... Habrá venido en tren, ¿verdad? Y si ha venido en tren, ¿cómo es que no le ha ido a esperar a la estación su amigo monsieur Armand? Si es la primera vez que viene a París y no conoce esta ciudad, él ha debido hacerlo, mon Dieu...

ANDRÉS.—Sí, pero...

BERNARDA.—Supongo que habrá tomado un taxi para venir, ¿no? ¿Se las ha arreglado bien para entenderse con el taxista? Los taxistas de aquí son mal educados, ¿usted sabe? ¡Ah! Le pourboire, toujours le pourboire... C'est enmerdant... ¡Pero hable, monsieur! Si conmigo puede hablar español, ¿cómo es que no habla? Parlez, monsieur, parlez...

ANDRÉS.—Pues lo que yo le quería decir...

>   (BERNARDA, *que se ha reclinado en el*
>   *sofá, da un terrible bostezo.*)

BERNARDA.—Pardon... Continuez, continuez...

ANDRÉS.—Pues lo que yo le quería decir... (Y BERNAR-DA *se queda completamente dormida y su respiración se hace profunda y tranquila.* ANDRÉS *habla en tono más alto.*) ¡Pues lo que yo le quería decir!... (Y como BERNAR-

DA *no se despierta,* ANDRÉS *se levanta y se dirige al público.)* Se me olvidó advertirles que soy un poco tímido. Y por esta razón, cuando aquella señora del sombrero se me quedó dormida justo en el momento en que yo, por fin, iba a poder decir alguna cosa, en lugar de coger mis maletas y salir de puntillas y volverme otra vez a Murcia, como hubiera sido lo sensato, me quedé allí sin saber qué hacer, viendo cómo aquella señora dormía como un ceporro. Durante la media hora larga que duró su sueño, decidí que en cuanto llegase mi amigo Armando le diría que a mí aquella señora me había caído gorda, y que la casa y la habitación, para una persona tan aprensiva como yo —porque yo soy bastante aprensivo— me habían parecido muy poco salubres. Y que, acabando de heredar trescientas mil pesetas, me podía permitir ciertos lujos en este primer viaje a París, y, por consiguiente, no estaba dispuesto a quedarme allí ni un minuto más. Y entonces fue cuando sonó el timbre de la puerta y aquella señora se me despertó.

> *(Suena el timbre de la puerta y mientras* ANDRÉS *vuelve a su puesto,* BERNARDA *se despierta.)*

BERNARDA.—La sonette, no? La sonette!

ANDRÉS.—*(Ya bastante enfadado.)* Efectivamente, señora. La sonette.

BERNARDA. — Espero no haberme quedado dormida, ¿verdad?

ANDRÉS.—No, no, qué va...

BERNARDA.—Es que, a veces, sin poderlo remediar, en cuanto me siento doy una pequeña cabezada... Y es que en Francia nos levantamos muy temprano, monsieur, y no es como en España, vous savez? Y todo el día madame

Sánchez por aquí, madame Sánchez por allá. Es terrible, monsieur... C'est terrible...

> *(Vuelve a sonar el timbre.)*

ANDRÉS.—Bueno, oiga, que está tocando la sonette.

BERNARDA.—Oh. excussez-moi! Je vais ouvrir la porte...!

> *(Madame BERNARDA abre la puerta del foro y vemos a ARMANDO en el descansillo de la escalera. Aproximadamente la misma edad que ANDRÉS. Y el mismo porte. Pero ARMANDO es un hombre serio, que no se ríe nunca.)*

ARMANDO.—Hola, qué hay... ¿Llegó ya mi amigo?

BERNARDA.—Mais ouí, mais ouí. Justo en este mismo momento acaba de llegar.

> *(Y mientras ARMANDO pasa y abraza a ANDRÉS, BERNARDA coge la maleta y entra con ella en la habitación de la derecha. Dada la seriedad de ARMANDO, el abrazo que da a ANDRÉS parece un abrazo de pésame.)*

ARMANDO.—¡Andrés, hombre!

ANDRÉS.—¡Armando!

ARMANDO.—¡Cómo me alegro verte, hombre! ¡Cómo me alegro verte!

ANDRÉS.—Yo también, figúrate...

> *(Y mira fastidiado cómo se llevan su maleta y su sombrero.)*

ARMANDO.—Pues figúrate yo... Pero ¿qué estás mirando, hombre? ¿Qué estás mirando?

ANDRÉS.—No, nada. Que se están llevando mi maleta.

ARMANDO.—Pues claro. La están metiendo en tu habitación. Ya la habrás visto, ¿verdad? Estupenda habitación, ¿eh? ¡Estupenda!

ANDRÉS.—Sí, pero...

ARMANDO.—Oye, estás más delgado, ¿verdad?

ANDRÉS.—¿Más delgado?

ARMANDO.—Sí, sí...

ANDRÉS.—Pues, no... Como siempre...

ARMANDO.—Pues yo te encuentro mucho más delgado. Y, además, tienes mala cara.

ANDRÉS.—¿Ah, sí?

ARMANDO.—Malísima.

ANDRÉS.—A lo mejor es del viaje.

ARMANDO.—A propósito del viaje. No me habrás visto en la estación, ¿verdad?

ANDRÉS.—¡Ah! ¿Pero es que has ido?

ARMANDO.—No. Por eso digo que no me habrás visto en la estación, porque no he podido ir. Pero es que tú no sabes lo que es París. Que no hay donde aparcar, ¿sabes? Que nada. Que tienes un coche y como si no lo tuvieses. ¡Qué ciudad, chico, qué ciudad! Pero ¿cómo se te ha ocurrido venir aquí hombre?

ANDRÉS.—Pues nada, ya ves... Ya te dije...

BERNARDA.—*(Que acaba de salir de la habitación de la derecha.)* C'est très simpatique votre ami, monsieur Armand.

ARMANDO.—Dice que eres muy simpático. «Simpatique», en francés, quiere decir simpático. Vete acostumbrando.

ANDRÉS.—Ya.

BERNARDA.—Le he enseñado su habitación, que le ha gustado mucho; le he dado la llave de la puerta para que entre y salga cuando quiera, y ya estamos de acuerdo en el precio.

ARMANDO.—¡Hombre, es que es para estarlo! Pues menuda suerte hemos tenido encontrando esta casa. Porque tú no sabes cómo está esto. Que de verdad que no lo sabes. Pero ¿cómo se te ha ocurrido venir aquí hombre? (*A* BERNARDA.) ¿No es verdad, madame Sánchez, que esto está imposible?

BERNARDA.—Oh, lá, lá! Bon Dieu!

ARMANDO.—Ya lo estás oyendo.

BERNARDA.—En fin, c'est la vie... Y como yo tengo todavía muchas cosas que hacer, me vuelvo de nuevo a mon affaire... Está usted en su casa, monsieur, y la casa es suya. Ya le he metido la maleta en la habitación y todo está en orden. D'accord? Enchantée... Au revoir, messieurs. A tout à l'heure... A bientôt...

> (*Y* BERNARDA *hace mutis por la puerta del foro, que deja cerrada.*)

ARMANDO.—Simpaticona, ¿verdad?

ANDRÉS.—Pues, sí... Muy campechana.

ARMANDO.—Bueno, hombre, bueno... Pero qué mala cara tienes, caramba... ¿De qué murió tu tía?

ANDRÉS.—Del corazón.

ARMANDO.—No me extraña nada. Si esto sigue así, todos vamos a morir del corazón. Pobre señora, ¿eh? No somos nadie.

ANDRÉS.—Sí, ya ves...

ARMANDO.—Bueno, estarás encantado, ¿no?... Este tipo de casa era lo que tú querías... ¿A que sí?

ANDRÉS.—Hombre, pues...

ARMANDO.—¡No me irás a decir que no es esto lo que tú querías!

ANDRÉS.—Bueno, en principio...

ARMANDO.—¿Cómo que en principio? ¿Es que me vas a decir que no te gusta? Es una casa limpia. Y barata. Y en un sitio céntrico. Y, sobre todo, que hablan español. ¿Es que no me dijiste que querías que hablasen español? Porque eso fue lo primero que me recomendaste.

ANDRÉS.—Sí, eso sí...

ARMANDO.—Entonces, ¿de qué te quejas, hombre, de qué te quejas?

ANDRÉS.—No, si yo no me quejo... Pero es que fíjate qué retratos... Lenin y los otros...

ARMANDO.—Y ¿qué te importan a ti esos retratos? Si son de izquierdas, ¿qué retratos quieres que tengan? ¿Obispos? Pues, no. Tienen ésos.

ANDRÉS.—Pero es que yo soy de derechas.

ARMANDO.—Toma, y yo también. Pero si ellos son de izquierdas desde hace treinta años, no creo que hayas venido aquí para hacerles cambiar de opinión.

ANDRÉS.—No, si yo no pretendo hacerles cambiar de nada.

ARMANDO.—¿Qué es entonces lo que pretendes, hombre? Dime qué es lo que pretendes. Porque has venido tú muy caprichoso...

ANDRÉS.—Es que, además, la habitación es interior.

ARMANDO.—Y ¿qué querías? ¿Un balcón, como en Murcia, para asomarte a ver la procesión? Supongo que no habrás venido a París para estar asomado al balcón como una vieja.

ANDRÉS.—No, eso no... Pero, de todos modos, si me pudiera marchar a otro lado...

ARMANDO.—¿Cómo has dicho?

ANDRÉS.—Digo que, si por casualidad, me pudiera marchar a otro lado...

ARMANDO.—¿A qué otro lado, hombre, a qué otro lado?

ANDRÉS.—A un hotel, por ejemplo.

ARMANDO.—Pero eso se dice antes, caramba...

ANDRÉS.—Ya te lo dije en la carta. Un hotelito que diese al Sena...

ARMANDO.—Pero también me dijiste que hablasen español. Y tantas cosas a la vez no se pueden encontrar. Claro que la culpa la tengo yo por meterme donde no debo. Porque antes de encontrarte esto he tenido que dar muchas vueltas y hacer muchas gestiones. Y cuando creo que por fin he dado con lo que tú quieres, resulta que no te gusta. No, claro, si eso es lo que tiene hacer favores a los amigos. Si yo siempre lo digo...

ANDRÉS.—Bueno, pero no debes enfadarte.

ARMANDO.—No, si no me enfado. Pero me molesta.

ANDRÉS.—Entonces, ¿qué hacemos?

ARMANDO.—¿De qué?

ANDRÉS.—De mudarme.

ARMANDO.—¡Ah!, ¿pero quieres mudarte?

ANDRÉS.—Creo que te lo he dicho bien claro.

ARMANDO.—Bueno, si verdaderamente no te gusta, cosa que no me explico, podemos buscar otro sitio. Pero no hoy, ni mañana, como comprenderás. Tiene que ser con calma.

ANDRÉS.—Pero es que como yo sólo voy a estar aquí quince días...

ARMANDO.—¡Ah!, ¿tantos?...

ANDRÉS.—Más o menos...

ARMANDO.—Entonces mañana daremos una vuelta a ver si encontramos otra cosa que te guste más. Y ya buscaremos una disculpa para quedar bien con esta señora. Pero esta noche te quedas aquí.

ANDRÉS.—Bueno, de acuerdo. Pero si esta noche me tengo que quedar aquí, lo mejor será que ahora nos marchemos.

ARMANDO.—Y ¿adónde nos vamos a marchar?

ANDRÉS.—Pues por ahí... A la calle. Lo que he visto desde el taxi me ha entusiasmado. Y cuanto menos tiempo esté aquí dentro, será mejor, ¿no te parece?

>   (*Se abre la puerta de la escalera y entra*
>   *monsieur* PEDRO. *Es un hombre de unos*
>   *sesenta y cinco años, con todo el aspecto*
>   *de un obrero acomodado francés.*)

PEDRO.—Bonsoir messieurs... Bonsoir, monsieur Armand...

ARMANDO.—Bonsoir, monsieur Pierre.

PEDRO.—Buen tiempo, ¿no?

ARMANDO.—Buen tiempo, sí... il fait tres beau... Il ne pleut pas...

PEDRO.—¡Ah, es la primavera en París! (*Al pasar por delante del aparador, coge una botella de vino que hay encima, se sirve en un vaso, bebe un trago y después continúa su camino.*) A tout a l'heure.

ARMANDO.—A tout a l'heure...

>   (*Y* PEDRO *hace mutis por la puerta del*
>   *pasillo llevándose la escoba que dejó en*
>   *un rincón madame* BERNARDA.)

ANDRÉS.—¿Quién es?

ARMANDO.—Monsieur Pedro. El marido de la señora.

ANDRÉS.—Ah...

ARMANDO.—A pesar de sus ideas, muy simpático. Ya verás. Te lo presentaré luego. Lo pasarás muy bien con él...

ANDRÉS.—Bueno, y dime, ¿qué sorpresa era esa que me tenías reservada para esta noche?

Mujeres de Mihura, *Gutiérrez*, años 20.

ARMANDO.—¿Te lo digo ya?

ANDRÉS.—Sí, anda, anda...

ARMANDO.—Pues he tomado unas localidades...

ANDRÉS.—¿Para qué?

ARMANDO.—Esta noche vamos a ir al cine.

ANDRÉS.—¿Al cine?

ARMANDO.—Sí, claro. Al cine. A ver una película.

ANDRÉS.—Verde, ¿no?

ARMANDO.—Verde, no. Rusa. Una película rusa.

ANDRÉS.—Ya.

ARMANDO.—¿Es que no te gusta?

ANDRÉS.—Pues no sé...

ARMANDO.—¿Pero es que tú en Murcia puedes ver películas rusas?

ANDRÉS.—No.

ARMANDO.—¿Pues qué más quieres? Estás en París y aquí las puedes ver.

ANDRÉS.—Es que a mí, realmente, meterme esta noche en un cine a ver una película rusa...

ARMANDO.—El cine está aquí al lado. En la misma acera. Y después, vuelves, y te acuestas. Vamos, yo creo que el plan no puede ser mejor...

ANDRÉS.—Sí, claro, pero la verdad...

ARMANDO.—Me parece que tú eres muy difícil para todo. No te gusta la casa, no te gusta el cine... ¿Pero a qué has venido tú a París entonces, hombre? ¿A qué has venido tú a París?

ANDRÉS.—Pues a eso. En vez de meterme en un cine, a ver París.

ARMANDO.—¿Ver París a estas horas?

ANDRÉS.—Son las seis y media de la tarde.

ARMANDO.—A estas horas no se ve bien. A eso es mejor ir por la mañana.

ANDRÉS.—Entonces podemos salir, tomar un aperitivo y cenar juntos.

ARMANDO.—Eso sí. Ahí enfrente hay un «Snak-bar».

ANDRÉS.—¿Un qué?

ARMANDO.—Un bar donde se come. Tomamos una cerveza y un emparedado y después vuelves y te acuestas.

ANDRÉS.—Pero ¿por qué quieres que me acueste, caramba?

ARMANDO.—Porque tienes mala cara.

ANDRÉS.—*(Enfadado.)* He tenido siempre la misma cara. Y en vez de cenar en esa cafetería que está tan cerca, me gustaría más ir a un buen restaurante que estuviese más lejos. Tengo ganas de probar la cocina francesa.

ARMANDO.—Pero la cocina francesa cuesta un dineral.

ANDRÉS.—Yo te invito.

ARMANDO.—De ninguna manera. Si tú me invitas a una cosa, yo te tendré que invitar a otra, y aquí todo cuesta un disparate. No. Cada uno paga lo suyo. Esto es lo primero que hay que convenir. Iremos juntos adónde tú quieras, pero a base de pagar lo suyo cada uno.

ANDRÉS.—Bien. De acuerdo. ¿Y si fuéramos a un cabaret?

ARMANDO.—¿A un cabaret? ¿Pero tú no sabes que aquí el champán es obligatorio? Eso cuesta un dineral, hombre. A un cabaret, no. Ni hablar del asunto...

ANDRÉS.—¿Entonces?

ARMANDO.—Di otra cosa.

ANDRÉS.—¿Tú sabes cuál es mi mayor ilusión al venir a París?

ARMANDO.—Pues no caigo.

ANDRÉS.—Comer en uno de esos barcos que recorren el Sena.

ARMANDO.—¿En el «bateau-mouche»?

ANDRÉS.—Eso, eso.

ARMANDO.—Une promenade sour la Seine?

ANDRÉS.—Eso.

ARMANDO.—¡Pero eso es una tontería, hombre!

ANDRÉS.—Tanto como una tontería.

ARMANDO.—Pues claro que sí... Y cuesta carísimo.

ANDRÉS.—¿También?

ARMANDO.—Una burrada.

ANDRÉS.—Bueno, pero por un día... Y además tú ganas un buen sueldo...

ARMANDO.—Pero no para gastármelo en bobadas. Al «bateau-mouche», no. Nada. Ni hablar del asunto.

ANDRÉS.—Entonces, si te parece, podemos salir y sentarnos abajo en el portal a ver pasar la gente...

ARMANDO.—¿Por qué dices eso?

ANDRÉS.—Porque nada te parece bien.

ARMANDO.—Tampoco a ti te parece bien nada.

ANDRÉS.—Bueno, no discutamos.

ARMANDO.—Será lo mejor.

> *(Monsieur* PEDRO *sale de nuevo por la puerta derecha del foro y después de beber otro trago se dirige a la puerta de la escalera.)*

PEDRO.—Au revoir, monsieur Armand...

ARMANDO.—Au revoir, monsieur Pierre...

PEDRO.—Au revoir.

> *(Y* PEDRO *hace mutis y cierra la puerta.)*

ANDRÉS.—¿Por qué se va?

ARMANDO.—Pues porque está en su casa y puede hacer lo que le dé la gana.

ANDRÉS.—¡Pero no estará entrando y saliendo todo el tiempo!

ARMANDO.—¿Y a ti qué te importa? ¿Es que te vas a meter en la vida de esta familia?

ANDRÉS.—Es que como no me lo has presentado, no sé qué decirle.

ARMANDO.—Pues no le digas nada. Aquí tienes libertad para hacer lo que quieras. Tú, a divertirte, y lo demás te tiene sin cuidado.

ANDRÉS.—Bueno, entonces, ¿qué hacemos?

ARMANDO.—Tú dirás.

ANDRÉS.—En plan barato, ¿no?

ARMANDO.—Siempre es preferible.

ANDRÉS.—Oye, dime una cosa... ¿Y chicas? ¿No conoces chicas?

ARMANDO.—Hombre, claro que conozco.

ANDRÉS.—Pues podíamos salir con alguna chica.

ARMANDO.—Pero eso nos va a costar más caro.

ANDRÉS.—Hombre, algo nos tenemos que gastar, digo yo.

ARMANDO.—Pero para salir con chicas hay que buscarlas.

ANDRÉS.—Pues las buscamos.

ARMANDO.—No sabía yo que tú habías venido a París a esto.

ANDRÉS.—Pues te lo has podido figurar.

ARMANDO.—Pero estando de luto, me parece una barbaridad...

ANDRÉS.—Sólo era mi tía, y ya ha pasado tiempo.

ARMANDO.—(*Por la corbata negra de* ANDRÉS.) ¡Pero ir de juerga con esa corbata!...

ANDRÉS.—No, si he traído otra con pintitas...

ARMANDO.—Bueno, pues si has traído otra, yo conozco a varias chicas...

ANDRÉS.—¿Ah, sí?

ARMANDO.—Y bastante monas.

ANDRÉS.—¿Y fáciles?

ARMANDO.—Depende... No te vayas a creer que las francesas son tan asequibles...

ANDRÉS.—¿Ah, no?

ARMANDO.—Bueno. Hay de todo. Pero no el primer día, claro.

ANDRÉS.—¿Cuánto se tarda, aproximadamente?...

ARMANDO.—Según como les caigas. Y hay que salir con ellas. Invitarlas. Pongamos un mes, por ejemplo...

ANDRÉS.—Entonces no me va a dar tiempo...

ARMANDO.—Yo conozco una que puede convenirte. Es amiga de otra amiga mía. Una que se llama Colette. Si quieres, llamo a Colette y se lo digo.

ANDRÉS.—Eso, eso...

ARMANDO.—*(Se levanta.)* Bueno, pues entonces me voy.

ANDRÉS.—¿Adónde?

ARMANDO.—A buscar a Colette. Vive aquí muy cerca.

ANDRÉS.—¿También cerca?

ARMANDO.—Claro. Éste es mi barrio...

ANDRÉS.—Pues te acompaño. Y así doy una vuelta.

ARMANDO.—No, no. Es mejor que vaya yo solo. Tú no sabes lo que son las francesas para estas cosas. Hay que andar con mucha diplomacia, ¿comprendes? Yo voy a verla, hablo con ella, y dentro de diez minutos vuelvo a recogerte.

ANDRÉS.—Y ¿qué hago mientras?...

ARMANDO.—Te arreglas un poco y te cambias de corbata.

ANDRÉS.—Bueno, pero no tardes ¿eh?

ARMANDO.—No. Estoy aquí en seguida. Adiós, hombre, adiós...

ANDRÉS.—Adiós, hasta luego.

ARMANDO.—Hasta luego. *(Y cuando va a salir se vuelve para decir.)* Oye, ¿pero de verdad no quieres ir al cine?

ANDRÉS.—¡Hombre, no!...

ARMANDO.—Entonces voy a ver si también devuelvo las localidades. Hasta ahora.

ANDRÉS.—Hasta ahora.

> *(ARMANDO hace mutis por la puerta del foro. ANDRÉS cierra la puerta. Se escucha una java en el tocadiscos de la vecina y ANDRÉS, más contento, se empieza a quitar la corbata de luto, se asoma a la ventana, y por último se mete en su cuarto, y cierra la puerta. Cuando está dentro se abre la puerta del foro y entra NINETTE. Veintitrés años. Monamente vestida. Trae en las manos unos libros, un yogur y un paquetito con fiambres, que desenvuelve sobre la mesa y lo deja allí. Después se quita los zapatos y con ellos en la mano hace mutis por la puerta de la derecha del foro. Y, cuando NINETTE desaparece, vuelve a salir ANDRÉS de su habitación, terminándose de poner otra corbata negra con puntitos blancos. Como no sabe lo que hacer, se sienta en una silla junto a la*

mesa, y, sorprendido, ve los libros, el yogur y el paquetito de los fiambres. Como no estaban antes, comprende que ha debido entrar alguien, y mira a un lado y a otro. Y aparece de nuevo NI-NETTE *que se ha puesto unas chinelas para andar por casa. Al ver a* ANDRÉS, *le saluda sencillamente.*)

NINETTE.—Hola.

ANDRÉS.—Hola.

(ANDRÉS *se levanta. Y* NINETTE *va al aparador, coge un plato, después se acerca a la mesa y va poniendo los fiambres sobre el plato, no sin antes comerse un recorte de jamón en dulce. Todo esto lo hace como si* ANDRÉS, *que está en pie mirándola, no existiera.*)

NINETTE.—C'est pour mon petit repás. Jambón et yoghourt. Ce n'est pas bon de manger boucoup le soir.

ANDRÉS.—¿Cómo dice usted?

NINETTE.—Mi cena para después. No es bueno comer mucho por las noches, monsieur.

ANDRÉS.—Sí que es verdad, sí.

NINETTE.—Usted es el español, ¿no?

ANDRÉS.—Pues sí.

NINETTE.—He encontrado a monsieur... ¿cómo se llama votre ami...?

ANDRÉS.—Armando Espinosa.

NINETTE.—Ah, oui! He encontrado a monsieur Espinosa en el portal y me lo ha dicho. Y también me dijo ayer mamá que iba usted a venir. Yo soy Ninette, la hija de madame Sánchez.

ANDRÉS.—Mucho gusto.

> (NINETTE *va al aparador y deja la bolsa*
> *de papel en un cajón. Después coge el*
> *yogur y el plato y lo mete en la ne-*
> *vera.*)

NINETTE.—¿Es la primera vez que viene a París usted?

ANDRÉS.—La primera, sí.

NINETTE.—Y ¿qué le parece?

ANDRÉS.—Aún no he visto nada. Bueno, desde el taxi, el recorrido de la estación hasta aquí. Es precioso. Y cuánta gente, ¿eh?

NINETTE.—Demasiada. Yo no amo a la gente. Quiero decir a la «foule», a la muchedumbre. Me gusta más la soledad.

ANDRÉS.—También tiene su encanto, también...

NINETTE.—Pero siéntese, monsieur, no esté de pie.

ANDRÉS.—Gracias.

> (Y ANDRÉS *se sienta en una silla, mien-*
> *tras* NINETTE *coge los libros y se los*
> *lleva al sofá, donde también se sienta.*
> *Elige un libro y lo empieza a hojear...*)

NINETTE.—¿Qué tal España?

ANDRÉS.—Pues muy bien... Allí sigue... Tomando el sol.

NINETTE.—Yo he nacido aquí, pero mis padres son españoles. Exiliados.

ANDRÉS.—Ya.

NINETTE.—Tienen sus ideas, claro. Todo el mundo puede tener sus ideas.

ANDRÉS.—Hombre, desde luego.

NINETTE.—Y en algunas cosas tienen razón. Por ejemplo, parece que allí tienen un concepto de la moralidad bastante pintoresco.

ANDRÉS.—Pues sí, mire, eso sí.

NINETTE.—Creo que para las cosas del amor son terribles, ¿no?

ANDRÉS.—¡Uff!

NINETTE.—Un día, en un periódico español y en la sección de sucesos, leí lo siguiente: «Se le ha impuesto una multa de cincuenta pesetas a Javier Aguirreche por haberse sentado encima de una señorita que estaba tomando una gaseosa en la terraza de un café.»

ANDRÉS.—Bueno... Es que eso es natural...

NINETTE.—¡Oh, no señor! Porque luego añadía: «Javier Aguirreche cuenta dos años de edad y es sobrino de la referida señorita.» ¿Es posible esto?

ANDRÉS.—Pues no me extrañaría...

NINETTE.—Aquí tenemos una idea de la moral completamente distinta. Y es mejor, ¿sabe? Todos nos encontramos más cómodos, señor.

ANDRÉS.—Es de suponer...

NINETTE.—¡Ah! ¡El amor! ¡Es lo más bonito del mundo!... (NINETTE *se ha levantado y coge del aparador una botella de vino y unos vasos.*) ¿Un vaso de vino, monsieur?

ANDRÉS.—Hombre, sí. El famoso vino francés...

NINETTE.—Éste es Valdepeñas. Mi padre se lo hace traer desde allí. Le gusta mucho y sólo bebe Valdepeñas. Y a veces sidra de «El Gaitero». *(Le ofrece un vaso.)* Beba, beba...

ANDRÉS.—Gracias.

NINETTE.—¿Chinchín?

(Brindando.)

ANDRÉS.—Chinchín.

(Y bebe.)

NINETTE.—Calor, ¿verdad?

ANDRÉS.—Sí. Y pegajoso.

NINETTE.—Es el clima de París. El Sena, ¿usted sabe?...
Me voy a poner una bata. En casa me gusta estar cómoda...
Excussez-moi, monsieur...

ANDRÉS.—No faltaba más. *(Y* NINETTE *hace mutis por
la puerta derecha del foro.* ANDRÉS, *muy contento, se dirige al público.)* Desde que entró aquella señorita...

> *(Pero es interrumpido por* NINETTE, *que
> habla desde dentro.)*

NINETTE.—Yo trabajo en las Galerías Lafayette... Ya
habrá oído hablar de esos almacenes... Son los mejores
de aquí...

ANDRÉS.—Sí que he oído, sí...

NINETTE.—¡Oh! Pero ¡qué trabajo, señor! Termina una
muerta de cansancio...

ANDRÉS.—Lo comprendo.

NINETTE.—Algún día los verá y se dará cuenta...

ANDRÉS.—Es uno de los sitios que tengo apuntados para
ir. Como me han hecho algunos encargos...

NINETTE.—En ropa interior para mujer tenemos ma-
ravillas...

ANDRÉS.—¿Ah, sí?

NINETTE.—Sí, unas prendas monísimas... Muy delica-
das, muy femeninas...

> *(*ANDRÉS, *de nuevo, muy confidencial-
> mente, se dirige al público.)*

ANDRÉS.—Cuando empezó a hablarme de la ropita...

> *(Pero nuevamente le interrumpe la voz
> de* NINETTE.)*

NINETTE.—¿Va a estar aquí mucho tiempo, monsieur?

ANDRÉS.—Unos quince días.

NINETTE.—¿Tan pocos?

ANDRÉS.—Bueno, a lo mejor lo alargo más...

> *(Y NINETTE entra en escena con una batita de casa bastante sugestiva.)*

NINETTE.—Esta bata es de las Galerías.

ANDRÉS.—Preciosa.

NINETTE.—Y todo lo demás que llevo es de allí.

ANDRÉS.—Ya...

NINETTE.—*(Mientras se sirve otro vaso de vino.)* ¿Otro vaso?

ANDRÉS.—No, gracias.

NINETTE.—*(Después de beber.)* Mis vacaciones me correspondían el mes que viene. Pero una compañera me ha pedido por favor que cambiemos los turnos y desde este momento estoy libre. Mi madre se va a llevar una sorpresa porque aún no lo sabe. Bueno, tampoco yo lo he sabido hasta hoy...

ANDRÉS.—Sí, ella me dijo que se pasaba usted el día fuera de casa.

NINETTE.—Casi todo el día. Por eso mismo, ¿sabe usted lo que voy a hacer durante este tiempo?

ANDRÉS.—Pues no, no sé.

NINETTE.—*(Mientras se sienta en la butaca.)* Quedarme en casa y no salir. Y estar tumbada. Y descansar. Y leer. No puedo con la agitación de París. Ni con las prisas. Ni con el ruido. ¡Oh! Es insoportable, ¿usted sabe? Tengo ya los nervios deshechos... *(Un tiempo.)* ¿Es usted casado?

ANDRÉS.—Pues no.

NINETTE.—Yo tampoco.

ANDRÉS.—Pero tendrá usted novio.

NINETTE.—¡Oh, lá, lá! Tengo mis ideas propias sobre los novios. Los hombres son necesarios; los novios, no.

ANDRÉS.—Ya.

NINETTE.—Y ¿qué hace usted aquí metido? ¿Por qué no sale? ¡París es hermoso!

ANDRÉS.—Es que estoy esperando a mi amigo.

NINETTE.—¿Adónde ha ido?

ANDRÉS.—Pues no sabíamos lo que hacer y parece que él tiene una amiga y la ha ido a buscar para ver si ella tiene otra y salimos los cuatro.

NINETTE.—¡Oh, los españoles! ¡Siempre lo mismo! ¡Todo el tiempo pensando en eso!

> (ANDRÉS *se acerca a ella galante.*)

ANDRÉS.—Si yo hubiera sabido que estaba usted libre, en lugar de buscar a la otra amiga...

NINETTE.—*(Se levanta, enfadada.)* ¡Oh, no, monsieur! Qu'es que vous pensez, voyons? Je ne sort pas avez des inconues... Ah, c'est embëtant!

ANDRÉS.—¿Cómo dice?

NINETTE.—Que no salgo con desconocidos, señor. ¿Por quién me toma? Y que yo sólo quiero descansar...

ANDRÉS.—Perdone...

> (ANDRÉS, *desconcertado, se queda de pie.*
> *Y ahora* NINETTE *se sienta en el sofá.*
> *Una pausa. Después sonríe a* ANDRÉS.)

NINETTE.—¿No sabe usted nada de francés?

ANDRÉS.—Pues, no...

NINETTE.—Yo en casa, con mis padres, sólo hablo el español. Y soy intérprete de español en las Galerías. Y además lo estudio y sé gramática, ¿comprende? Y siendo francesa conozco su idioma mejor que alguno de ustedes...

ANDRÉS.—Sí, es posible. Desde luego lo habla usted sin ningún acento...

NINETTE.—Me gusta el español. Y los españoles.

ANDRÉS.—Ya.

NINETTE.—Tarda su amigo, ¿no?

ANDRÉS.—Él me dijo que vendría dentro de unos diez minutos.

NINETTE.—¿Quiere usted un libro?

ANDRÉS.—No, gracias. A nosotros, los españoles, eso de leer...

NINETTE.—¡Pero siempre está de pie usted! ¡Siéntese, voyons! Aquí, en el sofá, estará más cómodo...

ANDRÉS.—Gracias.

(*Y se sienta en el sofá, junto a* NINETTE.)

NINETTE.—Conque buscando una aventura en su primera noche de París, ¿no es eso?

ANDRÉS.—Pues, sí, ya ve. Qué se le va a hacer... La tradición.

NINETTE.—Pero no crea que eso es fácil. Las mujeres francesas tenemos una fama que no corresponde a la realidad. Todo en Francia es propaganda, ¿comprende? El buen vino, la buena mesa, el amor fácil... ¡Oh, no! Son consignas para la atracción del turismo.

ANDRÉS.—Pues ya ve usted, yo creía...

NINETTE.—Todo el mundo cree eso. Y es que hay libertad, desde luego... Y las chicas podemos hacer lo que se nos antoje. Lo que pasa es que no queremos, señor. Es fatigante, ¿no? Se trabaja aquí mucho para eso.

ANDRÉS.—Claro, lo comprendo.

NINETTE.—¿Le aburro?

ANDRÉS.—No, qué va...

NINETTE.—¿Por qué me mira?

ANDRÉS.—Como estamos hablando...

NINETTE.—Estoy segura que le gustaría darme un beso, monsieur.

ANDRÉS.—¡Por Dios!...

NINETTE.—Sí, sí. Y puede dármelo, si quiere. Es usted simpático. No estamos en España. Estamos en París. Vamos, decídase, voyons... *(Ella acerca la cara y* ANDRÉS *le da un tímido beso.)* ¡Oh, no! ¡Más!

ANDRÉS.—¿Más?

NINETTE.—Oui...

> (ANDRÉS *la vuelve a besar con más consistencia.)*

ANDRÉS.—¿Así?

NINETTE.—Así. *(Y después vuelve a hablar tranquilamente.)* Conaissez vous les Invalides?

ANDRÉS.—¿Cómo?

NINETTE.—Que si conoce usted los Inválidos, monsieur.

ANDRÉS.—¿Los Inválidos?

NINETTE.—Oh, sí. Bajo su cúpula está enterrado Napoleón Bonaparte...

ANDRÉS.—Ya. Pues no...

NINETTE.—Y ¿adónde va a ir esta noche con sus amigas?

ANDRÉS.—Pues no sé. A dar una vuelta. Y a lo que salga, claro...

NINETTE.—Yo pienso que no tendría usted necesidad de irse por ahí de juerga.

ANDRÉS.—¿No?

NINETTE.—Claro que no.

ANDRÉS.—Yo, más que nada, lo hago por ver París.

NINETTE.—Siempre hay tiempo para ver París. Y, además, también yo soy París... ¿Eh? ¿Qué dice?

ANDRÉS.—Es que me parece mal, estando aquí de huésped en casa de sus padres...

NINETTE.—¡Pero eso no tiene importancia! Además mis padres no volverán hasta muy tarde.

ANDRÉS.—Lo malo es que me haya citado aquí con mi amigo...

NINETTE.—Eso tiene fácil arreglo.

ANDRÉS.—¿Cree usted? *(Y suena el timbre de la puerta.)* Ahí debe estar.

NINETTE.—¿Qué prefiere? ¿Salir con su amigo, o quedarse aquí?

ANDRÉS.—*(Indeciso.)* Pues la verdad, como dentro de nada se va a hacer ya de noche...

NINETTE.—Métase en su cuarto y cierre la puerta. Yo abriré...

ANDRÉS.—Y ¿qué va a decirle?

NINETTE.—¡Pero métase, señor!

> (ANDRÉS *se mete en su cuarto.* NINETTE *va a abrir la puerta del foro. Entra* AR- MANDO.)

ARMANDO.—Buenas.

NINETTE.—Bonsoir, monsieur Armand.

ARMANDO.—¿Y mi amigo?

NINETTE.—Se ha ido.

ARMANDO.—¿Cómo que se ha ido?

NINETTE.—¡Ah, sí! Ha dicho que esta noche prefería irse solo a dar una vuelta.

ARMANDO.—Pero si habíamos quedado citados aquí...

NINETTE.—¡Ah, yo no sé, monsieur! Él sólo me dijo eso.

ARMANDO.—Pero ¿cómo?... ¿Después de hacerme buscar dos señoritas este pesado va y se marcha?

NINETTE.—¿Y encontró usted las señoritas?

ARMANDO.—Pues claro que sí. Estoy citado con ellas en el bar de enfrente.

NINETTE.—Lo siento, monsieur.

ARMANDO.—Pues figúrese yo. Menudo embarque...

NINETTE.—Lo siento, monsieur. Pero quizá vuelva pronto.

ARMANDO.—Bueno, pues si vuelve le dice usted que estaremos ahí una media hora, que le esperamos.

NINETTE.—Se lo diré, monsieur...

ARMANDO.—Pues gracias. Y adiós.

NINETTE.—Adiós, monsieur.

> *(Y* ARMANDO *hace mutis.* NINETTE *cierra la puerta mientras* ANDRÉS *sale de su habitación.)*

ANDRÉS.—¿Se ha enfadado mucho?

NINETTE.—¡Oh, no!

ANDRÉS.—Yo lo que siento es que si ha encontrado a esas señoritas...

NINETTE.—¿De verdad que lo siente usted?

ANDRÉS.—Por él, claro. No por mí.

NINETTE.—Bueno, pues una vez que el asunto está arreglado, yo me voy a poner a leer.

ANDRÉS.—*(Cada vez más desconcertado con la manera de ser de* NINETTE.*)* ¿Que se va usted a poner a leer?

NINETTE.—Pues claro, señor. ¿Qué pensaba usted?...

ANDRÉS.—No, yo creía...

NINETTE.—Yo creía, yo creía... Siempre yo creía... Se le nota en la cara que hubiera preferido irse con esas señoritas y con ese amigo tan serio.

ANDRÉS.—No, si yo lo hacía solamente por conocer París.

NINETTE.—Antes de conocer París, es mejor que conozca su cuarto, señor.

ANDRÉS.—¿Mi cuarto?

NINETTE.—Va usted a vivir en él. Durante quince días será su pequeño universo. Y debe abrir sus maletas. Y poner en orden la ropa en el armario. ¿Quiere usted que le ayude?

ANDRÉS.—Pues ya me gustaría.

NINETTE.—Entonces, vamos. *(Y los dos se dirigen a la puerta de la derecha.)* Pase usted monsieur...

ANDRÉS.—No, por favor. Usted primero.

NINETTE.—¡Oh, no! Primero usted...

ANDRÉS.—De ninguna manera...

NINETTE.—Voyons! Para no discutir, entremos los dos al mismo tiempo, ¿no?

ANDRÉS.—¿Cómo?

NINETTE.—Cójame en brazos. Peso poco.

ANDRÉS.—¿Que yo la coja en brazos?

NINETTE.—Pues claro, señor.

(ANDRÉS *la coge en brazos.*)

ANDRÉS.—¿Así?

NINETTE.—Así, monsieur. ¿Le parece bien?

ANDRÉS.—Me parece fenomenal.

NINETTE.—¡Ah! Ça c'est París, monsieur!

> *(En el tocadiscos de la vecindad se ha vuelto a oír* Julie, la Rousse. *Y* ANDRÉS, *con* NINETTE *en los brazos, entra en su cuarto mientras cae el telón.)*

TELÓN

CUADRO SEGUNDO

El mismo decorado. Las doce de la mañana del día
siguiente

> (*Al levantarse el telón no hay nadie en
> escena. Suena el teléfono. Y* ANDRÉS,
> *que ahora lleva puesta una chaqueta di-
> ferente, y va sin corbata, sale de su
> habitación. Toma el auricular.*)

ANDRÉS.—Ouí? ¡Ah, hola!... Sí, sí, perdona. No, mira,
si lo que pasó fue lo siguiente. Que me empezó a doler
mucho la cabeza, y entonces, por si tú tardabas, se me
ocurrió salir a la calle a dar una vuelta. Y, fíjate, que me
perdí. Sí, como lo oyes. Que me perdí. Y no sabes el trabajo que me costó volver a casa. Sí. Y como llegué tan
tarde, me acosté. Sí. La hija de madame Sánchez me ha
dicho esta mañana que viniste. Sí. Figúrate lo que lo he
sentido. Y además encontraste las chicas, ¿no? Fíjate qué
rabia. Desde luego... Sí. Bueno, pues ven a buscarme y
vamos a algún sitio. Pues claro que estoy deseando... (*Por
la puerta del pasillo del foro entra* NINETTE *con pantalón
y blusa, y un libro en las manos. Se acerca a* ANDRÉS, *y,
por señas, le dice que no venga su amigo hoy, sino que
venga mañana.*) Espera un momento, Armando. Digo yo,
que como todavía me duele un poco la cabeza y no me
encuentro del todo bien, que en vez de venir a buscarme
hoy, que vengas mañana. No, no te molestes. Si no es
nada. Debe de ser algo del estómago. Bueno, bueno, como
quieras... Sí, aquí estoy... Adiós.

> (*Y cuelga.*)

NINETTE.—¿Qué te ha dicho?

ANDRÉS.—Que va a venir a ver cómo estoy.

NINETTE.—A lo que vendrá es a hacerte salir con esas chicas.

ANDRÉS.—No, no creo. Además, son las doce de la mañana. A estas horas, figúrate...

NINETTE.—De todos modos ese amigo tuyo quiere malearte.

ANDRÉS.—Comprenderás que no puedo rehusar dar una vuelta con él.

NINETTE.—¡Pero teniéndome a mí no tienes necesidad de dar ninguna vuelta, cherí!

ANDRÉS.—Es que como no he salido desde que llegué...

NINETTE.—¿Y me vas a decir que lo sientes?

ANDRÉS.—No, no, qué va. Si estoy tan contento...

NINETTE.—¿Es que no lo pasas bien conmigo?

ANDRÉS.—Hombre, figúrate...

NINETTE.—Nunca pensarías encontrar en París lo que has encontrado.

ANDRÉS.—Eso desde luego...

NINETTE.—Porque ya se puede decir que has tenido suerte. Venías buscando una aventura y no la pudiste encontrar antes. Y sin salir siquiera de casa...

ANDRÉS.—Sí que es verdad, sí...

NINETTE.—Pero, por favor, esto nuestro no vayas a contárselo a nadie.

ANDRÉS.—Hombre, en Murcia yo creo que sí lo podré contar...

NINETTE.—¿A quién?

ANDRÉS.—Pues qué sé yo... En el Casino, si se tercia.

NINETTE.—Bueno, en Murcia, bueno. Pero aquí, no, ¿eh? Y menos a tu amigo.

ANDRÉS.—¿A mi amigo tampoco?

NINETTE.—¡Oh, no! De ninguna manera.

ANDRÉS.—Pero es que si no le digo nada de esto, y además no quiero salir con él, va a sospechar.

NINETTE.—Le dices lo que has dicho a mis padres. Que estás un poco enfermo del estómago.

ANDRÉS.—No, si ya se lo he dicho. Pero de todos modos, a no ser que me meta en la cama con una bolsa de agua caliente...

NINETTE.—No es necesario tanto. Con decirle que no se te apetece salir, ya es bastante.

ANDRÉS.—¿Pero y por qué no vienes a dar una vuelta con nosotros? Podíamos salir los tres.

NINETTE.—¡Oh, no! Ya te dije que estoy harta del jaleo de París. Y estoy cansada y quiero descansar... ¡Son mis vacaciones, Andrés!

ANDRÉS.—Es que, digo yo, que podíamos ir un momento a ver la Torre Eiffel y nos volvemos en seguida. Por ver algo, ¿no? Ya que estoy aquí, en París...

NINETTE.—Mais no, mon amour! Esta tarde nos quedaremos aquí, otra vez juntos los dos. Y pondremos discos en el gramófono...

ANDRÉS.—Pero, hija mía, es que discos yo los puedo poner en Murcia.

NINETTE.—Pues no ponemos discos. Hablamos. Nos besamos. Y eso sí que supongo que no lo podrás hacer allí...

ANDRÉS.—No, claro, eso no.

NINETTE.—D'acord?

ANDRÉS.—De acuerdo.

NINETTE.—Mi madre estará hoy todo el día en su negocio y mi padre vendrá ahora a buscar su bocadillo, pero en seguida se marchará.

ANDRÉS.—¿Otra vez tu padre? Esta mañana me ha dado la lata contándome las ventajas del plan quinquenal que puso en práctica Lenin cuando los bolcheviques llegaron al Poder.

NINETTE.—Si no le contradices, en seguida se irá. Porque a él, como a todos los revolucionarios, lo que le gusta es discutir. Pero si no le llevas la contraria, se aburre y se va. Tú le das la razón en todo, ¿verdad que sí?

ANDRÉS.—¡Pero es que dice cada tontería!...

NINETTE.—Tú no le haces caso. ¡Y verás qué tarde maravillosa vamos a pasar!

ANDRÉS.—Oye, ¿y no te gustaría que después de eso nos fuésemos a cenar al «bateau-mouche»? Un paseo sobre el Sena, los dos juntitos, ¿eh?

NINETTE.—Oh, mon Dieu! ¡Pero qué pesado estás con el «bateau-mouche», voyons! Toujour le bateau-mouche! C'est insoportable! Pero ¿qué se te ha perdido a ti en el «bateau-mouche»?

ANDRÉS.—Es que como siempre he soñado con dar ese paseo...

NINETTE.—¡Pues vamos otro día!

ANDRÉS.—Pero es que si todo lo vamos a ir dejando para otro día, cuando llegue a Murcia, aparte de lo tuyo, no sé lo que voy a contar...

NINETTE.—¡Calla!

> (*Se ha abierto la puerta de la escalera y entra monsieur* PEDRO.)

PEDRO.—Buenos días.

NINETTE.—Buenos días, papá.

ANDRÉS.—Hola, buenos días.

PEDRO.—¡Hermoso tiempo!

ANDRÉS.—Sí... Il ne pleut pas...

PEDRO.—Oh, oui! Il fat beatu! *(Y se sirve un vaso de vino de la botella que hay en el aparador.)* ¿Cómo se encuentra usted, monsieur Martínez?

ANDRÉS.—Pues parece que estoy ya un poco mejor. La cabeza no me duele tanto.

PEDRO.—Y ¿qué ha comido usted, monsieur?

NINETTE.—Mamá esta mañana le ha subido unos fiambres y un yogur.

PEDRO.—¿Sólo eso?

ANDRÉS.—Sí, sólo eso. Estoy a yogur desde que he llegado.

PEDRO.—Y, sin embargo, usted amará la cocina francesa, ¿no es eso?

ANDRÉS.—Pues sí que la amo. Debe de ser muy rica, ¿verdad?

PEDRO.—¡Oh, oh, oh...! ¡Extraordinaria! Pero, de todos modos, la cocina española no tiene nada que envidiarla. Para los pocos españoles que pueden comer, claro. Porque, los demás, se mueren de hambre.

ANDRÉS.—Hombre, tanto como eso...

PEDRO.—*(Enérgico.)* ¡De hambre, señor! ¡Los españoles siempre se han muerto de hambre! (NINETTE, *desde la puerta derecha del foro, le hace señas a* ANDRÉS *para que diga que sí. Y después le envía un beso con la mano y hace mutis.)* ¿Y sabe usted por qué?

ANDRÉS.—No.

PEDRO.—*(Se sienta a su lado.)* Porque el factor capital prevalece sobre el trabajo, y no siendo normales los instrumentos de producción, propiedad de los que los emplean, se ha llegado a la formación de dos grupos sociales, que son los asalariados y los poseedores de los bienes de producción. Con lo cual dificulta una distribución más equitativa de la riqueza, y acentúa esta desigualdad social a la que hemos llegado.

ANDRÉS.—Ya.

PEDRO.—Y mientras se busque el aumento de los beneficios, mediante la racionalización de la producción, acelerándose el volumen de ésta con la estandarización... Con la estandarización... *(Se le olvida el párrafo y rompe por lo sano.)* Y sobre todo, puñeta, ¿qué se puede esperar de un país que sólo se alimenta de gambas a la plancha? ¿Eh? Conteste.

ANDRÉS.—Sí, eso sí.

PEDRO.—Y ¿cuántos presos hay?

ANDRÉS.—¿Presos?

PEDRO.—Sí, presos.

ANDRÉS.—Pues aproximadamente...

PEDRO.—¡Ah! Es muy fácil decir aproximadamente. La cantidad exacta es la que yo quiero. Son cifras las que yo necesito, monsieur...

ANDRÉS.—Realmente, cuando yo veo a los presos, no los cuento.

PEDRO.—Pues hay que contarlos, monsieur, hay que contarlos. Sólo contando los presos se puede deducir el índice político-social de un país. Y no crea usted que yo soy antiespañol, ¿eh? ¡Oh, no!... Porque yo siento a España más que nadie. Y si se queda usted unos días más, y su salud se lo permite, no comerá usted cocina francesa, monsieur. No. Nada de eso. Comerá usted cocina española. Porque a mi mujer no hay quien la iguale haciendo el cocido y la fabada.

ANDRÉS.—Ya.

PEDRO.—Y voy a demostrarle a usted que quiero a Es-

paña y que no la he olvidado. Voy a demostrárselo, señor.
(Y llama.) ¡Ninette! ¡Ninette!

NINETTE.—*(Desde dentro.)* ¿Sí?

PEDRO.—Trae la gaita.

NINETTE.—Sí, papá.

ANDRÉS.—¿Para qué quiere usted la gaita?

PEDRO.—Para tocarla, monsieur. Porque yo soy asturiano. Y no olvido mi tierra. Y sé tocar la gaita.

ANDRÉS.—Ya.

PEDRO.—Y si está usted en mi casa algún tiempo, soy capaz de enseñarle a usted a tocar la gaita.

ANDRÉS.—Le advierto que yo, para los instrumentos, soy un poco torpe.

PEDRO.—Aunque sea torpe, si yo le enseño, terminará usted por tocar la gaita.

　　　　(Y NINETTE *vuelve a entrar con la gaita.)*

NINETTE.—La gaita, papá.

PEDRO.—Ya verá usted.

　　　　(Y coge la gaita y la va preparando.)

ANDRÉS.—Pero no debe molestarse.

PEDRO.—¡Calle!

NINETTE.—¿Es que no le gusta a usted la gaita, señor?

ANDRÉS.—No, no, si gustarme sí que me gusta...

NINETTE.—Entonces, déjele que toque. Ande, siéntese. Ya verá qué bien lo hace.

PEDRO.—¿Se calla, o no?

NINETTE.—Sí, papá.

PEDRO.—Voy a empezar. *(Y empieza a tocar la gaita, mientras* NINETTE *y* ANDRÉS *escuchan sentados. Pero en este momento suena el timbre.)* Merd! ¿Quién es el im-

bécil que viene ahora a molestar? ¡Que entre y se calle,
Ninette!

NINETTE.—Sí, papá...

(*Y* NINETTE *abre y entra* ARMANDO.)

ARMANDO.—Buenas.

NINETTE.—Entre.

ARMANDO.—Sí. (*Por monsieur* PEDRO, *que sigue tocando.*) ¿Qué hace?

NINETTE.—¡Calle! Y siéntese.

ARMANDO.—(*Muy sorprendido por todo esto.*) Sí, gracias. (*Y mientras* PEDRO *no cesa de tocar la gaita,* ARMAN-
DO *se sienta junto a* ANDRÉS *y le pregunta.*) ¿Qué? ¿Estás
mejor?

ANDRÉS.—¡Calla!

ARMANDO.—Sí.

> (*Y sigue el concierto de gaita. Y* AN-
> DRÉS *se levanta y se dirige al público,
> sin que los demás, naturalmente, se aper-
> ciban de ello.*)

ANDRÉS.—Monsieur Sánchez continuó tocando la gaita
durante tres cuartos de hora aproximadamente. En París,
mientras tanto, la gente paseaba por los Campos Elíseos,
recorría el Bosque de Bolonia, subía a Montmartre, toma-
ba un «pernod» en cualquier café del barrio latino, veía los
escaparates de la rue Saint-Honórée, y, sobre todo, na-
vegaba por el Sena en el «bateau-mouche», escuchando
alguna bella canción francesa. Yo, en cambio, no. Yo era
un ser afortunado que había tenido la suerte de vivir una
maravillosa aventura en mi primera noche de París, y, por
consiguiente, me tenía que quedar en casa oyendo cómo
aquel tío tocaba la gaita, que, a mí, personalmente, y con
todos los respetos, es uno de los ruiditos que más me

chinchan. Poco después ocurrirían otros acontecimientos que modificarían el rumbo de mi maravillosa aventura. Pero yo, mientras tanto, como un caballero español, seguí escuchando tocar la gaita, con la sonrisa en los labios y sin dar ninguna muestra de fatiga.

> (Y Andrés *vuelve a sentarse*. Y Pedro
> *da por terminado su concierto*.)

Pedro.—¡Y ya está!

Andrés.—Muy bien, muy bien. Precioso...

Ninette.—*(Aplaudiendo.)* ¡C'est formidable, papá!

Armando.—Muy bonito.

Pedro.—Emotivo, ¿no?

Andrés.—Muy emotivo.

Pedro.—¡Ah, es la tierra, monsieur, que tira mucho! En fin, Ninette, llévate la gaita y prepárame el bocadillo que tengo que llevarme al trabajo.

Ninette.—Sí, papá. Ya te lo he preparado. Voy a traerlo.

> (Y Ninette *hace mutis llevándose la
> gaita.*)

Pedro.—Porque aquí trabajamos, monsieur Armand, pero también comemos. Y en España ni se trabaja ni se come.

Armando.—*(Tan serio como siempre.)* Eso que dice usted es una tontería.

> (Monsieur Sánchez, *que se había levan-
> tado, vuelve a sentarse.*)

Pedro.—¿Una tontería? ¿Dice usted que es una tontería?

Armando.—Sí, señor. Una tontería como una casa.

Pedro.—¿Pero usted oye, monsieur Martínez? Ande, contéstele usted... Contéstele.

ANDRÉS.—Yo creo que en el fondo monsieur Sánchez tiene un poco de razón. Y que el socialismo, en el sentido más estricto, es un movimiento necesario, cuyo objetivo es la abolición de todo privilegio de riquezas, mediante la supresión de los beneficios.

ARMANDO.—Pero ¿qué dices, hombre? Pero ¿qué dices? ¿Es que en España tú no comes?

ANDRÉS.—Bueno, más que aquí, sí. Pero yo sé de cada caso...

PEDRO.—*(Se vuelve a levantar.)* ¿Lo oye usted, monsieur Armand? ¿Eh? Y ¿qué me dice usted del problema agrario? ¿Eh? Voyons!

ARMANDO.—No hay ningún problema agrario.

PEDRO.—¿Cómo que no?

ARMANDO.—Que no hay ningún problema agrario.

PEDRO.—¿Que no hay ningún problema agrario? *(A AN-DRÉS.)* ¿Usted oye? Ande, vamos a discutir eso más despacio.

(Y se vuelve a sentar.)

ANDRÉS.—Bueno, un poco sí que hay, Armando, ¿para qué nos vamos a engañar? Y si tú contaras los presos...

ARMANDO.—Bueno. Yo me marcho.

(Y se dirige hacia la puerta.)

ANDRÉS.—No, hombre, no te vayas. Espera un momento.

ARMANDO.—¿Quieres explicarme, entonces, por qué hablas así?

ANDRÉS.—Porque cuando una persona tiene razón, yo se la doy. Y monsieur Sánchez tiene razón.

PEDRO.—¿Eh? ¿Qué dice usted a eso?

ARMANDO.—Que me marcho.

ANDRÉS.—*(Sujetándole.)* No, hombre, no me dejes solo. Espera un poquito.

(Y entra NINETTE, *con un paquete en la mano. Se ha cambiado de ropa y ahora lleva un sencillo vestido de mañana.)*

NINETTE.—Tu bocadillo, papá.

PEDRO.—Gracias.

NINETTE.—Te vas ya, ¿verdad?

PEDRO.—Claro que sí. Monsieur Martínez ha comprendido que yo tengo razón y así no hay discusión posible.

NINETTE.—Te acompaño hasta la calle. Voy a ir a comprarle un yogur al señor Martínez.

ANDRÉS.—¿Otro yogur?

NINETTE.—Bien sûr... Hoy le conviene seguir a dieta. *(Y abre la puerta de la escalera.)* Sal, papá.

PEDRO.—Bonjour, messieurs.

ANDRÉS.—Bonjour, monsieur Pierre.

NINETTE.—A bientôt...

(Y hacen mutis PEDRO *y* NINETTE.)

ARMANDO.—Bueno, ¿pero aquí qué es lo que pasa? Porque yo no comprendo nada.

ANDRÉS.—Es que si no le doy la razón se enfada, y se pasa discutiendo todo el día. Por eso es mejor llevarle la corriente. Para que se vaya.

ARMANDO.—¿Y tú para qué quieres que se vaya?

ANDRÉS.—Pues para eso, para que no me dé la lata.

ARMANDO.—¿Y la hija por qué está aquí y no está en su trabajo?

ANDRÉS.—Porque está de vacaciones.

ARMANDO.—Y ¿por qué va a comprarte un yogur?

ANDRÉS.—Porque ya te he dicho que estoy enfermo.

ARMANDO.—¿Pero tanto como para tomar esa porquería?

ANDRÉS.—Pues sí, ya ves.

ARMANDO.—Pues qué lástima, hombre, qué lástima... ¡Hoy que pensaba yo llevarte a un restaurante que me han recomendado!

ANDRÉS.—Tú siempre tan oportuno, caramba... Ya me pudiste llevar anoche.

ARMANDO.—Es que no me lo han recomendado hasta hoy.

ANDRÉS.—Y ¿qué se come?

ARMANDO.—De todo. A base de cocina francesa. Escargots, foie de la campagne, sole meunière, poulet rôti...

ANDRÉS.—Pues ya ves, hombre. Ya ves qué pena...

ARMANDO.—No, si ya te dije ayer que no tenías buena cara...

ANDRÉS.—Desde luego...

ARMANDO.—Y lo malo es que hoy la tienes peor.

ANDRÉS.—No me extraña.

ARMANDO.—Has pasado mala noche, ¿verdad?

ANDRÉS.—Bueno, según como se mire...

ARMANDO.—¿Cómo que según como se mire?

ANDRÉS.—Que a ratos tenía frío y a ratos calor.

ARMANDO.—Fiebre.

ANDRÉS.—A lo mejor.

ARMANDO.—Lo que siento es que no conocieras a la chica de anoche. La amiga de la mía. De Colette...

ANDRÉS.—¿Mona?

ARMANDO.—Estupenda. Y muy simpática. Está deseando conocerte.

ANDRÉS.—¿Ah, sí?

ARMANDO.—Sí, sí. Le hablé mucho de ti. Y lo pasamos muy bien los tres.

ANDRÉS.—Iríais al cine, ¿no?

ARMANDO.—No, hombre, qué tontería...

ANDRÉS.—Como tenías ya dos entradas...

ARMANDO.—Las devolví. Y fuimos a un «strip-tease».

ANDRÉS.—¿De esos de...?

(*Y hace acción de quitarse la ropa.*)

ARMANDO.—De ésos. De esos... Fenomenal...

ANDRÉS.—(*Enfadado.*) Pero tú me dijiste que a esas cosas no querías ir porque eran muy caras.

ARMANDO.—Y lo son.

ANDRÉS.—Y que no te querías gastar el dinero...

ARMANDO.—Hombre, yendo bien acompañado, y por una noche...

ANDRÉS.—Y ¿cuándo podemos salir otra vez?

ARMANDO.—Pues cuando quieras. ¡Ah, oye! Y a la chica esa le hacía ilusión ir al «bateau-mouche».

ANDRÉS.—¿Ah, sí?

ARMANDO.—Está deseando.

ANDRÉS.—Pues si te parece... (*Pero de repente cambia su tono ilusionado y se vuelve atrás.*) Claro que, lo malo, es esto de estar tan pachucho...

ARMANDO.—Aprensiones, hombre. Que eres muy aprensivo. ¿Y sólo tomas yogur?

ANDRÉS.—Y jamón de York.

ARMANDO.—Y ¿quién te lo trae?

ANDRÉS.—Pues Ninette, la hija de los dueños.

ARMANDO.—Vale poco esa chica, ¿verdad?

ANDRÉS.—Hombre, no está mal.

ARMANDO.—Un poco raquítica, ¿no?

ANDRÉS.—Nada de raquítica... Bueno, yo no me he fijado bien... Pero creo que de raquítica no tiene nada.

ARMANDO.—Pues a mí no me gusta.

ANDRÉS.—¿Ah, no?

ARMANDO.—Ni pizca. Y todavía si hubiera algo que hacer con ella. Pero ni hablar. Es de lo más decente.

ANDRÉS.—¿Tú crees?

ARMANDO.—Tiene fama en el barrio. Su trabajo y su casa. Su casa y su trabajo. Y leer novelas. Bueno, y que no fuese así... Porque para qué te voy a contar cómo son los padres. La madre es verdulera, no lo olvides.

ANDRÉS.—¿Ah, sí? Pues yo creía que en París, y sobre todo teniendo esas ideas... Porque ¿para qué tienen entonces aquí a Lenin, hombre?...

ARMANDO.—Tienen esas ideas para el problema agrario. Pero en lo demás son terribles. ¿Tú has estado en Vitoria? Pues como allí.

ANDRÉS.—Vamos, no creo yo que sea tanto.

ARMANDO.—Que sí, hombre, que sí. Y además ¿a ti qué más te da?

ANDRÉS.—No, figúrate. A mí me da lo mismo. Lo que pasa es que me parece raro.

ARMANDO.—Las buenas son las de anoche. Las auténticas francesitas. Independientes, sin familia, solas en París... Maniquíes, figúrate... ¡Ah! ¡Y se me olvidaba lo principal!

ANDRÉS.—¿Qué?

ARMANDO.—Que ya te he encontrado un hotel. Como tú querías...

ANDRÉS.—¿Sí?

ARMANDO.—Junto al Sena. Monísimo. ¿Eh? ¿Qué dices?

ANDRÉS.—Pues ya ves...

ARMANDO.—Desde luego ahora comprendo que tenías razón. En esta casa no tienes libertad. Y, además, con este señor tocando la gaita...

ANDRÉS.—Pero no la toca mal, ¿eh?

ARMANDO.—No la toca mal, pero es una lata.

ANDRÉS.—De todos modos, ahora, estando malo, no me puedo ir. Me parece feo...

ARMANDO.—¿Después de haberme hecho buscar otro hotel me vas a decir que te parece feo? ¡Pero, bueno! ¿Pero es que tú te has creído que yo puedo estar perdiendo el tiempo con tus caprichos? Primero quieres irte, después no te quieres ir... ¿Pero en qué quedamos, hombre, en qué quedamos?

ANDRÉS.—Es que si me voy ahora va a resultar violento. Y, sobre todo, que la cama es muy blanda.

ARMANDO.—Pero no te vas a pasar todo el día en la cama.

ANDRÉS.—Eso es lo que no sé.

ARMANDO.—¿Por qué?

ANDRÉS.—Porque si sigo tan malucho...

ARMANDO.—Mira, ahora mismo te cambias de chaqueta y nos vamos. La habitación del hotel no la he comprometido hasta mañana. Pero ahora mismo salimos a dar una vuelta, a ver cómo te sienta. Hala, vámonos...

ANDRÉS.—Y ¿adónde vamos a ir?

ARMANDO.—Podemos tomar una copa en una terraza de Place Pigalle.

ANDRÉS.—¿De esa de la que se oye desde aquí el ruido?

ARMANDO.—De ésa.

ANDRÉS.—Pues sí que me hace ilusión. Por ver algo, ¿no?...

ARMANDO.—Entonces, anda...

ANDRÉS.—Sí.

> (*Y cuando va a entrar en su cuarto, se abre la puerta de la escalera y entra* NI-NETTE *con varios paquetes en la mano.*)

NINETTE.—Ya estoy de vuelta. Y traigo provisiones.

ARMANDO.—Pues nosotros nos vamos a ir ahora.

NINETTE.—¿Ah, sí?

ANDRÉS.—Sí, se ha empeñado mi amigo en que demos una vuelta. Pero volvemos en seguida.

NINETTE.—Pero usted no puede irse ahora, monsieur.

ANDRÉS.—¿Ah, no? ¿Por qué?

NINETTE.—Porque me he encontrado abajo a Denise y va a subir.

ANDRÉS.—¿A Denise?

NINETTE.—Pues claro.

ARMANDO.—Y ¿quién es Denise?

NINETTE.—Una amiguita mía que vive en la casa de al lado. Monsieur Martínez me dijo que quería conocer a una francesita para no estar tan aburrido aquí solo, y yo se la he buscado. Muy simpática, ¿sabe? Y muy gentil. Podrá pasarlo muy bien con ella mientras esté en París. ¡Ah! No puede irse ahora, monsieur. Ella va a subir. No sería correcto de su parte...

ARMANDO.—¿Y es mona, oiga?

NINETTE.—¡Oh, sí!

ARMANDO.—Lo que puedo hacer entonces es ir a buscar a Colette y salimos los cuatro. Tú, yo, Colette y Denise. ¿Eh? ¿Qué te parece? (*A* NINETTE.) A no ser que quiera usted venir también. Porque usted está muy rica, ¿sabe?

NINETTE.—¿Cómo dice, monsieur?

ARMANDO.—Que está usted muy rica.

ANDRÉS.—Pues tú me habías dicho antes...

NINETTE.—¿Qué es lo que le había dicho, monsieur?

ARMANDO.—Es que yo no me había fijado bien. Pero está usted estupenda.

ANDRÉS.—Bueno, hombre, ya está bien. ¿Vas a ir a buscar a Colette, o no?

ARMANDO.—(*A* NINETTE.) Es que si se decidiese usted à venir, no iba a buscar a Colette. Y esperaba aquí a su amiguita y salíamos los cuatro.

NINETTE.—¡Oh, no! Yo estoy de vacaciones, monsieur. Y me aburre París. Es mejor que vaya usted a buscar a su amiga, y después vuelve y recoge a monsieur Martínez y a Denise. Lo pasarán bien con ella, señor. Es muy animada. Muy fresca, ¿sabe?

ARMANDO.—¿Ah, sí?

NINETTE.—Bien sûr...

ARMANDO.—(*Entusiasmado.*) Bueno, pues entonces yo vuelvo dentro de diez minutos. Adiós, Ninette.

NINETTE.—Adiós, señor.

ARMANDO.—Adiós, hombre.

ANDRÉS.—Adiós. (*Y* ARMANDO *hace mutis por la puerta de la escalera.*) Todo eso de Denise es mentira, ¿no?

NINETTE.—Claro.

ANDRÉS.—Y ¿por qué has dicho esa mentira?

NINETTE.—Porque no quería que te marcharas de juerga con tu amigo.

ANDRÉS.—No me iba a ir de juerga. Iba a ir a la terraza de un café.

NINETTE.—No me gusta que vayas a las terrazas de los cafés.

ANDRÉS.—Pero cuando venga Colette, ¿qué vamos a decirle?

NINETTE.—Ya inventaremos alguna cosa.

ANDRÉS.—Pero se va a enfadar.

NINETTE.—Y ¿qué? ¿No me tienes a mí?

ANDRÉS.—Sí, eso sí...

NINETTE.—Entonces...

ANDRÉS.—Dime una cosa, Ninette...

NINETTE.—¿Qué?

ANDRÉS.—Mi amigo me ha dicho que tú...

NINETTE.—Que yo, ¿qué?

ANDRÉS.—Que vamos, que tú... a pesar de ser francesa, no eres como se dice que son las francesas.

NINETTE.—¿En qué sentido?

ANDRÉS.—Pues, caray, en ese... En el de la facilidad, en el de la aventura...

NINETTE.—Claro que no... ¿Qué es lo que pensabas?...

ANDRÉS.—Entonces, lo de anoche...

NINETTE.—Ha sido la primera vez.

ANDRÉS.—¡Hombre, no!

NINETTE.—Sí. Si lo sabré yo...

ANDRÉS.—Pero, entonces, esto va a ser un lío...

NINETTE.—Bien sûr... Es natural... Estas cosas son siempre un lío...

ANDRÉS.—Y ¿cómo es que se te ocurrió...?

NINETTE.—¿El qué?

ANDRÉS.—Eso.

NINETTE.—¡Ah!...

ANDRÉS.—¿Cómo que «ah»? Habrá habido alguna razón.

NINETTE.—Sólo hay una razón para hacer eso.

ANDRÉS.—¿Qué razón?

NINETTE.—El amor.

ANDRÉS.—¿Qué amor?

NINETTE.—El nuestro.

ANDRÉS.—Bueno, pero oye, vamos a ver si nos entendemos...

NINETTE.—Creo que es muy fácil de entender.

ANDRÉS.—Perdona, no tan fácil. Porque yo acababa de llegar. Y muy enamorado, muy enamorado, no creo yo que estuviese...

NINETTE.—Tú no, pero yo sí.

ANDRÉS.—Pero ¿cómo te puedes enamorar de un señor que acaba de llegar de Murcia?

NINETTE.—¿Te molesta que te quiera?

ANDRÉS.—No es que me moleste. Pero no me lo explico.

NINETTE.—En ese caso no tenemos nada más que hablar, señor. Olvide todo lo que ha pasado entre nosotros. Yo haré también lo posible por olvidarlo.

> (*Y hace mutis por la puerta del pasillo.*)

ANDRÉS.—¿Adónde vas?

NINETTE.—(*Desde dentro.*) A buscar mi bolso y mis zapatos.

ANDRÉS.—¿Por qué?

NINETTE.—Porque me voy a ir.

ANDRÉS.—¿Adónde? ¿Has oído? ¡Te he preguntado que adónde vas a ir!

> (NINETTE *vuelve a entrar con un bolso y unos zapatos de calle, que se cambia por las sandalias que lleva.*)

NINETTE.—Creo que una muchacha como yo tiene siempre sitios donde ir, ¿no? Estamos en Francia y no en España, monsieur. Aquí hay libertad.

ANDRÉS.—Pero no debes enfadarte.

NINETTE.—No, no me enfado, pero me voy.

> (*Y después de calzarse se empieza a arreglar el cabello delante del espejo que hay a la izquierda.*)

ANDRÉS.—Hombre, no te vayas, Ninette.

NINETTE.—Eso quiere decir que me va usted a echar de menos, ¿no?

ANDRÉS.—Pues claro.

NINETTE.—Y de echar de menos a una persona, a estar enamorado, hay muy poco camino, ¿no?

ANDRÉS.—Pues puede ser.

NINETTE.—Lo que quiere decir que usted también puede estar enamorado, igual que yo.

ANDRÉS.—No te digo que no.

NINETTE.—Como decía usted entonces que no se lo explicaba... *(Y da por terminado su retoque.)* En fin, me voy, monsieur Martínez.

ANDRÉS.—Pero ¿por qué?

NINETTE.—Usted no conoce a la mujer francesa, señor.

ANDRÉS.—Pues desde luego empiezo a no tener ni idea.

NINETTE.—¡Ah! Y que se divierta con su amigo.

ANDRÉS.—Haré lo posible.

NINETTE.—Que, por cierto, me ha dicho la portera que ayer estaba solo, en el cine de al lado, viendo una película rusa aburridísima.

ANDRÉS.—¿Ah, sí?

NINETTE.—No es tan fácil, en París, encontrar esa clase de aventuras que ustedes buscan. Adiós, señor.

(Y abre la puerta.)

ANDRÉS.—Nada de adiós. Yo me marcho contigo.

NINETTE.—De ninguna manera.

ANDRÉS.—¡Yo quiero salir!

(En este momento entra madame BER-
NARDA.)

BERNARDA.—Pero ¿qué pasa aquí, voyons?

NINETTE.—Monsieur Martínez se empeña en salir estando enfermo.

BERNARDA.—Mais no!

NINETTE.—Mais oui!

BERNARDA.—Mais no! ¡Oh, no! Asseyez-vous, monsieur, asseyez-vous. *(Y le coge por un brazo y le sienta en el sofá.)* Icí, icí... Usted debe quedarse en casa, monsieur. Es una grave responsabilidad para nosotros si se pone peor... ¡Oh, no! Restez, restez, mon petit...

NINETTE.—Au revoir, mamá.

BERNARDA.—Au revoir, Ninette... *(Y* NINETTE *hace mutis por la puerta de la escalera que deja cerrada.)* Yo me he podido escapar un momento de mon affaire, y le voy a hacer a usted un huevo pasado por agua. ¿Usted ama los huevos pasados por agua?

ANDRÉS.—Mire usted, señora...

BERNARDA.—Ninette es muy buena, y muy decente, pero por no guisar, ella se alimentaría sólo de fiambres y de yogur... ¡Oh, la juventud de hoy! Y ella está de vacaciones y no sale. ¿Y sabe por qué? Porque ella tiene un novio. René.

ANDRÉS.—¿René?

BERNARDA.—Bien sûr, monsieur. Pero ella no quiere a René, ¿usted comprende? Y él insiste, pero ella no está enamorada. Y hay que estar enamorada para tener un novio. Él no es mal chico, pero bruto. Así de grande. Alto, fuerte... Y ella le huye. Siempre le ha huido... Claro que, a lo mejor, esta tarde no tiene más remedio que salir con él y por eso es que se ha marchado. Y entonces yo le haré a usted compañía toda la tarde. Tenemos un gramófono y podemos poner discos si usted quiere. La música fran-

cesa es hermosa. Y estamos en París, señor... Excussez-moi,
monsieur... Voy a ir preparando todas estas cosas y en seguida vuelvo...

> *(Y, con la bolsa de la ropa, hace mutis*
> *por la puerta del pasillo tarareando una*
> *canción cualquiera.* ANDRÉS, *sentado en*
> *el sofá, tiene una cara de mal humor te-*
> *rrible. Y ahora se abre la puerta de la*
> *escalera y vuelve a entrar* NINETTE, *llo-*
> *rosa y se sienta en una silla.)*

NINETTE.—André...

ANDRÉS.—¿Qué hay?

NINETTE.—Perdóname. No quiero salir. No quiero de-
jarte solo. No quiero separarme de ti...

> *(Y se echa a llorar ruidosamente.)*

ANDRÉS.—*(Asustado.)* Vamos, vamos, no llores, que está
ahí dentro tu madre, caramba...

NINETTE.—Y ¿qué me importa a mí mi madre si soy
tan desgraciada? Porque yo soy muy desgraciada, André...
Y tú no sabes lo que me pasa a mí...

> *(Y llora más, con lo que aumenta la in-*
> *quietud de* ANDRÉS.)

ANDRÉS.—Que sí lo sé, sí... ¡Pero cállate!

NINETTE.—No, no lo sabes, y entonces yo te lo tengo
que contar todo...

> *(Y llora más fuerte.)*

ANDRÉS.—¿Pero quieres callarte?

> *(Y se sienta en la butaca.* NINETTE *se*
> *levanta y se acerca a él y dice acon-*
> *gojada.)*

NINETTE.—¡No quiero callarme, porque yo a ti te amo

Mujeres de Mihura, *La Codorniz*, 1941.

muchísimo, y porque tú no lo sabes aún, y porque yo te lo tengo que decir para que tú te enteres! *(Y se echa en los brazos de* ANDRÉS *y se sienta sobre sus rodillas.)* ¡Oh, sí, Andrés! ¡Soy tan desgraciada!...

> *(Y sigue llorando, abrazada a* ANDRÉS, *que mira al público, dándole a entender, con su expresión, que considera inútil explicarle su estado de ánimo. Y mientras madame* BERNARDA *canta dentro, va cayendo el telón.)*

TELÓN

ACTO SEGUNDO

El mismo decorado. Es mediodía

(Al levantarse el telón están en escena PEDRO, ANDRÉS *y* BERNARDA. *Los tres, sentados a la mesa, terminan de almorzar. Ahora están con la ensalada.)*

PEDRO.—Y ¿qué? ¿Qué le ha parecido a usted el cocido? ¿Estaba bueno o no estaba bueno?

ANDRÉS.—Pues sí que estaba bueno, sí señor.

BERNARDA.—¿Y los garbanzos, eh? ¿Estaban tiernos o no estaban tiernos? ¿Eh?

ANDRÉS.—Sí, señora. Estaban tiernísimos.

PEDRO.—¿Qué le ha gustado más, eh? ¿El cocido de hoy o la fabada de anteayer?

ANDRÉS.—Pues no sé por cuál de las dos cosas inclinarme, la verdad...

PEDRO.—*(Se enfada.)* ¡Oh, no, monsieur! ¡Usted tiene que inclinarse por una de las dos cosas! No se puede ser conformista. Hay que tomar siempre partido. Estar con uno o estar con otro. Ser cocidista o ser fabadista.

ANDRÉS.—¿Pero es que no me pueden gustar a mí las dos cosas?

PEDRO.—¡Oh, no, señor! ¡Eso no es político!

BERNARDA.—Sólo le puede a usted gustar una, señor.

PEDRO.—Y dar la vida por ella si es preciso.

ANDRÉS.—Bueno, pues yo doy la vida por la fabada.

PEDRO.—¡Bravo! Una vez que este señor se ha defini-
do, mañana, Bernarda, harás otra vez fabada. Siempre
fabada.

ANDRÉS.—Eso, eso.

BERNARDA.—Mañana, sin embargo, yo pensaba ponerle
repollo.

ANDRÉS.—Bueno, pero oiga, ¿es que no tocaba mañana
paté de foie-gras?

BERNARDA.—Usted siempre está dando la tabarra con
el foie-gras, monsieur. Me parece a mí que es usted un
cursi de siete suelas.

ANDRÉS.—No es que sea cursi, señora mía. Pero es que
como el foie-gras francés tiene tanta fama...

PEDRO.—¡Ah, no! Eso no. Tiene más fama el repollo
que hace Bernarda, señor. Yo se lo aseguro. Ella es verdulera, señor. Y sabe muy bien cómo hay que condimen-
tar las verduras. (*A* BERNARDA.) Aunque esta ensalada está
un poco sosa, cherié.

BERNARDA.—¡Oh, no!

PEDRO.—Mais oui. Toi n'avez pas mettre du sel, toi.

BERNARDA.—Mais oui, papá!

PEDRO.—Mais no, mamá!

> (ANDRÉS *se levanta y va hacia el apa-*
> *rador. Y entonces descubrimos que lleva*
> *el pie izquierdo vendado y que va co-*
> *jeando.*)

BERNARDA.—¿Adónde va, monsieur?

ANDRÉS.—Voy a coger el salero que está aquí encima.

PEDRO.—Pero no debe usted andar con ese pie enfermo, señor...

ANDRÉS.—No se preocupe. Me conviene ir haciendo ya un poco de ejercicio. *(Y lleva el salero a la mesa.)* Tome; aquí está la sal. Para que la eche.

BERNARDA.—Merci, monsieur.

ANDRÉS.—Pas de quoi.

PEDRO.—¿Y le duele lo mismo, o le duele menos?

ANDRÉS.—Sólo me duele cuando apoyo el pie.

PEDRO.—¡Oh, oh, oh! También ha sido una mala suerte que se dislocase usted el tobillo.

BERNARDA.—Yo no sé lo que estaría haciendo este señor en la cama para caerse.

ANDRÉS.—No, si fue al levantarme cuando se me torció el pie.

PEDRO.—De todos modos se ha podido llamar a un médico.

BERNARDA.—Yo se lo dije, pero él no quiere. Él no quiere cuidarse, él se abandona, él parece memo...

ANDRÉS.—Si no tiene importancia. Con un poco de reposo se me pasará.

PEDRO.—Pero es que ya lleva usted treinta y dos días haciendo reposo y no se le mejora.

ANDRÉS.—Bueno, es cuestión de tener un poco de paciencia...

PEDRO.—¿Y no se aburre aquí metido? Porque usted no ha salido a la calle desde que llegó...

ANDRÉS.—Pues no, señor. Pero es que por una cosa o por otra, nunca me puedo mover de aquí. Y mire que me gustaría, ¿eh? Pero ya ve...

> *(Y se asoma a la ventana, sacando fuera parte del cuerpo.)*

BERNARDA.—Y ¿por qué se asoma tanto a la ventana?

ANDRÉS.—No, para nada. Para ver pasar a los franceses por la calle.

PEDRO.—Pues a ver si se cae otra vez.

ANDRÉS.—No, no me caigo. Ya tengo cuidado.

>   (BERNARDA *se ha levantado y empieza*
>   *a recoger los platos de la mesa.*)

PEDRO.—¿Pero y Ninette? ¿Qué hace Ninette? ¿Es que todavía sigue acostada?

BERNARDA.—Sí, está en su alcoba leyendo.

PEDRO.—Algo le pasa a esa chica, creo yo. Desde hace días la encuentro un poco rara.

ANDRÉS.—¿Ah, sí?

PEDRO.—Sí. Antes era alegre y gastaba bromas. Porque ella es graciosa, ¿sabe usted? Y tiene buen humor. Pero ahora está cambiada, señor. Y yo me pregunto cuál es el motivo, mamá...

BERNARDA.—No hay que preocuparse, Pierre. Es su carácter y siempre ha sido así. No hay que olvidar que ella es francesa y nosotros, no. Y ¿quién hay que comprenda a una francesa, eh? Sólo un francés, bien sûr. Pero como a un francés tampoco hay quien le entienda, lo mejor es que no nos quebremos la cabeza y nos vayamos a tomar café y después al trabajo. D'acord?... Alors, voy a ver qué hace esa pequeña chica...

>   (*Y hace mutis por el pasillo llevándose*
>   *el servicio de la mesa.* PEDRO *se ha le-*
>   *vantado y carga su pipa de tabaco.*)

PEDRO.—Ya es desgracia esto, señor... De Cangas de Onís y resultar que ahora, a mi edad, me ha salido una hija extranjera. ¡Ah! Las hijas sólo dan disgustos. Es cierto que también dan satisfacciones, claro que sí. Pero las

satisfacciones sólo se las dan a los otros. (ANDRÉS *otra vez
se ha asomado a la ventana sacando medio cuerpo.*) ¿Pero
otra vez está usted asomado a la ventana? Vamos, vamos,
venga usted aquí, que tenemos que hablar.

ANDRÉS.—*(Un poco alarmado.)* ¿Hablar de qué?

> (PEDRO *se ha sentado en su butaca y le
> señala un sitio en el sofá.*)

PEDRO.—Venga. Siéntese a mi lado.

ANDRÉS.—Sí, señor.

PEDRO.—Así. Bien. Y, ahora, sígame usted contando
cómo es Murcia. Pero con detalle, ¿eh?

ANDRÉS.—Pero, hombre, si ya se lo he contado a usted
veinte veces.

PEDRO.—Es que la parte que me ha contado usted me
gusta mucho.

ANDRÉS.—Usted, en cambio, no me ha contado todavía
cómo es París.

PEDRO.—París, París... ¿Y yo qué sé cómo es París?

ANDRÉS.—¡Hombre, en veintitantos años que lleva aquí
viviendo tendrá algo que contarme!

PEDRO.—No, señor. Nada. Ni quiero, ¿comprende? ¿A
mí qué me importa París, eh? Yo he venido aquí a trabajar y a comer. Pero a mí esta ciudad me tiene sin cuidado. Y a Bernarda también, ¿usted sabe?... Y hasta a
Ninette, que es francesa, y que aprovecha sus vacaciones
metiéndose en la cama.

ANDRÉS.—Pero dígame. ¿Usted no ha subido nunca a
la Torre Eiffel?

PEDRO.—¿Sabe usted una cosa, señor? Siempre que paso
cerca de la Torre Eiffel me tapo los ojos.

ANDRÉS.—¿Ah, sí?

PEDRO.—Sí, señor. Porque si ellos están orgullosos de

su Torre, yo lo estoy de mi gaita. ¿Y vienen los franceses a oírme tocar la gaita? No. Pues yo tampoco les miro
su Torre Eiffel. Y así los chincho. ¿Eh? ¿Qué le parece?

ANDRÉS.—No, claro. Tomando así las cosas, hace usted
muy bien.

PEDRO.—¿Sabe usted, en cambio, para lo que es bueno
París?

ANDRÉS.—No. Tampoco lo sé.

PEDRO.—Para el amor. Y lo que no comprendo es cómo
estando usted en París y siendo soltero no hace usted
el amor.

ANDRÉS.—Es que con esto del tobillo no está uno para
nada.

PEDRO.—Oiga, escuche... Yo a veces me pregunto, y
usted me perdonará si soy indiscreto, si no es usted un
poco afeminado...

ANDRÉS.—¿Por qué dice usted eso?

PEDRO.—Pues porque ahora hay mucho afeminado. No
es que yo lo critique, claro. Cada uno es dueño de hacer
lo que le plazca. Pero la verdad es que desde que está
usted aquí, sólo viene a verle su amiguito.

ANDRÉS.—¿Es que también cree usted que mi amigo...?

PEDRO.—No, no, yo no creo nada. Pero, vamos, me
sorprende mucho. Los dos solteros, jóvenes, en París y
sin mujeres. Un poco raro, ¿no?

ANDRÉS.—Pues no, señor. Entre mi amigo y yo no existe esa clase de relaciones a que usted se refiere. Somos
amigos, pero como los de antes.

PEDRO.—¿De verdad?

ANDRÉS.—Le doy mi palabra de honor.

                    (Entra BERNARDA y se pone el sombre-
                    ro delante del espejo.)

BERNARDA.—Es tu hora, Pierre. Y yo también tengo que marcharme.

PEDRO.—*(Que ha mirado el reloj, se levanta.)* ¡Ah, es verdad! ¡Que ya se me ha hecho tarde! *(A* ANDRÉS.*)* Lo que me da pena es que se quede usted aquí solo, monsieur. Pero, si quiere usted, no voy al trabajo y seguimos hablando de Murcia, ¿eh?

ANDRÉS.—No. No se moleste, por favor, no se moleste.

BERNARDA.—No tienes que preocuparte, Pierre. Después vendrá su amigo y le distraerá... *(Con cierto retintín.)* Es muy simpático monsieur Armand y le hace mucha compañía, ¿verdad que sí, monsieur?

ANDRÉS.—*(Enfadadísimo.)* Sí, señora. ¿Pasa algo?

BERNARDA.—¡Oh, no! Au revoir, monsieur...

PEDRO.—Au revoir, mon vieux...

BERNARDA.—Au revoir, monsieur...

> *(Y hacen mutis por la puerta de la escalera que dejan cerrada. Para más seguridad,* ANDRÉS *echa el cerrojo. Y después, francamente enfadado, se dirige al público para decirle algo. Pero se oye la voz de* NINETTE *dentro.)*

NINETTE.—¡André!

ANDRÉS.—*(Se vuelve.)* ¿Qué hay?

NINETTE.—*(Dentro.)* ¿Se han ido ya los papás?

ANDRÉS.—Sí, hija, ya se han ido los papás.

NINETTE.—Pues, entonces, ahora voy yo.

ANDRÉS.—Sí, hija, ven ya.

> *(Y* ANDRÉS *vuelve a asomarse a la ventana. Entra* NINETTE *con un vestidito muy sencillo.)*

NINETTE.—Mon amour!

ANDRÉS.—Hola, hola...

NINETTE.—¿Qué haces?

ANDRÉS.—Ya puedes figurártelo.

NINETTE.—¡Oh! ¿Sigue el coche abajo?

ANDRÉS.—Ahora hay otro. Por lo visto hacen turno entre cuatro o cinco.

NINETTE.—¡Pero esto es terrible! ¡Pero esto no puede ser!

ANDRÉS.—Anda, mira, asómate tú.

(NINETTE *se asoma a la ventana.*)

NINETTE.—¡Ah, sí! Es el «Simca» de Marcel.

ANDRÉS.—Y ¿quién es Marcel?

NINETTE.—Otro amigo de René.

ANDRÉS.—*(Va otra vez hacia el sofá.)* ¡Si no le hubieras dicho a René nada, no pasaría lo que está pasando!

NINETTE.—Pero algo tenía que decirle para romper con él, compréndelo. Y le dije la verdad. Que me había enamorado de ti y que no podía seguir con él. Y entonces él se enfadó mucho.

ANDRÉS.—Pero y ¿por qué quiere pegarme, hombre? ¿Qué le he hecho yo? Yo no tengo la culpa de nada.

NINETTE.—Es un poco matón, ¿comprendes? Yo le he dejado por ti. Y él, para vengarse, quiere dejarme sin ti. Y por eso te espera abajo...

ANDRÉS.—¿Pero es que ni sus amigos ni él tienen otra cosa que hacer? Porque llevan más de veinte días en este plan.

NINETTE.—Él compra y vende coches y por eso tiene esa clase de amigos dispuestos a hacer turno como si fuera un juego. Él conoce todos los «blusons noir» de París, ¿comprendes? Él es un poco gamberro.

ANDRÉS.—Pues vaya un novio que tenías, guapa.

NITETTE.—¡Ah! Por eso no me gustaba y lo he dejado por ti.

ANDRÉS.—Pero para que un hombre tome esa actitud y esté dispuesto a todo, ha debido de haber algo entre vosotros.

NINETTE.—¡Oh, no! Pero él esperaba que lo hubiese. Es natural. Y creía que había llegado ya el momento justo.

ANDRÉS.—Pero para pensar en eso le habrás dado motivos.

NINETTE.—¡Ah, claro que sí! Me he dejado besar, bien sûr...

ANDRÉS.—¿En dónde?

NINETTE.—El primer día, en el «bateau-mouche».

ANDRÉS.—¡Hombre, mira que bien!

NINETTE.—¡Ah, sí! Por eso me molesta tanto que quieras ir al «bateau-mouche». Yo fui con unas amigas un domingo. Y él, casualmente, estaba allí. Y yo empezaba a marearme un poco...

ANDRÉS.—¡Ah! ¿Pero es que ese barco se mueve mucho?

NINETTE.—No. Que habíamos bebido más que de costumbre... Y ya sabes lo que pasa... Estaba anocheciendo y oíamos música...

ANDRÉS.—Hay música, claro.

NINETTE.—Sí. Y el paseo por la Seine era maravilloso... La noche era suave... Y veíamos París iluminado... Palais de Louvre, le Pont-Neuf, Quai dar Orfebres... Hôtel Dieu... Nôtre Dame...

ANDRÉS.—*(Entusiasmado.)* No, si yo siempre he dicho que ese paseo debe de ser fenomenal... Sigue, sigue...

NINETTE.—Entonces yo me separé de mis amigas y me asomé a la barandilla.

ANDRÉS.—Hay barandilla, claro.

NINETTE.—Sí, claro, hay barandilla... Y yo estaba pensando no sé en qué... En la gran ciudad... En la noche..., en el amor... Y René vino por detrás, muy despacito, y me cogió por la cintura...

ANDRÉS.—Bueno, bueno, ya está bien. No detalles tanto...

NINETTE.—¿Tienes celos, cherí?...

ANDRÉS.—Yo lo que tengo son ganas de salir a la calle, y ver todas esas cosas sin que me pegue nadie.

NINETTE.—¡Pobrecito mío!

ANDRÉS.—Y, además, si no salgo, tu familia va a sospechar. Es decir, ha empezado ya.

NINETTE.—¡Pero eso no puede ser! Es muy bueno eso que se me ha ocurrido a mí de tu tobillo para justificar que no puedes andar. Eso ha sido una buena idea mía, ¿no?

ANDRÉS.—¡Pero estar así vendado es una lata!

NINETTE.—Estabas peor cuando decías que te dolía el estómago. Con esto del tobillo puedes comer de todo.

ANDRÉS.—De todo, no. Sólo como cocido. Y desde hoy han decidido alimentarme a base de fabada.

NINETTE.—Mis padres hacen todo lo posible por serte agradables. Igual que yo... ¿No es verdad que sí?

ANDRÉS.—Pero es que ahora sospechan que no me gustan las mujeres y que me entiendo con mi amigo Armando.

NINETTE.—¡Oh, no! ¿Por qué?

ANDRÉS.—Porque es el único que viene a verme casi todos los días. Y como no puedo contar lo tuyo, pues eso es lo malo.

NINETTE.—Claro que no. Tú no puedes contar esto. Se pondrían furiosos.

ANDRÉS.—Pero aquí por lo visto se pone furioso todo el mundo. ¿No es éste el país del amor? ¿No hay libertad? ¿Pues a qué viene entonces tanta monserga?

NINETTE.—Comprendo que por mi culpa estás renun- ciando a muchas cosas, André... A salir... A entrar... A ver cosas bonitas... A divertirte... A conocer París... Y te pido perdón.

ANDRÉS.—No, no, si no tiene importancia. Lo que pasa es que yo quería salir porque tengo que comprar unas co- sas que me han encargado en Murcia.

NINETTE.—Pero tampoco ha sido culpa mía esto que ha pasado. Ha sido el destino, ¿tú sabes? Tú viniste justo el día que te necesitaba. Yo era muy desgraciada...

ANDRÉS.—Y ¿por qué?

NINETTE.—Porque había llegado el momento en que yo me tenía que entregar a alguien.

ANDRÉS.—¿Ah, sí?

NINETTE.—Claro que sí. Yo había cumplido veintitrés años. No es correcto que a esta edad una señorita siga siendo una señorita. No es bueno eso...

ANDRÉS.—Ya.

NINETTE.—Y entonces no sabía por quién decidirme. Y con mi novio yo no quería.

ANDRÉS.—Ya.

NINETTE.—Y llegaste tú. Y me enamoré de ti. Y voilá...

ANDRÉS.—Claro.

NINETTE.—¡Tú no comprendes!

ANDRÉS.—Pues más bien poco.

NINETTE.—Yo soy francesa, no lo olvides. Por casua- lidad, claro, pero francesa... Y más que por casualidad, soy francesa por don Alejandro Lerroux.

ANDRÉS.—¿El del retrato?

NINETTE.—El del retrato. El señor Iglesias y el señor Lerroux son los responsables de todo. Y si yo me llamo Alejandra, es por Lerroux.

ANDRÉS.—¡Ah! ¿Pero ahora resulta que tú te llamas Alejandra?

NINETTE.—Claro que sí. De Alejandra, Alejandrina; de Alejandrina, Nina, y de Nina, Ninette.

ANDRÉS.—Ya.

NINETTE.—Y todo lo que decía uno de ellos, era para mi padre la última palabra. Hay que ir por aquí, y se iba por aquí. Hay que ir por allá, y se iba por allá. Y por eso estamos aquí, y por eso yo soy francesa. Y yo amo a Francia, ¿sabes? Pero no me gustan los franceses.

ANDRÉS.—¡Es que si todos son como ese novio que te habías echado...!

NINETTE.—¡Oh, no! Los hay distintos... Y gentiles. Pero para mí, a pesar de todo, son un poco extranjeros. Y hay algo inevitable que me tira hacia los españoles. Y por eso cuando llegaste tú, me enamoré de ti. Y te quiero. ¿Tú no?

ANDRÉS.—Claro que sí.

NINETTE.—Pero lo pasas mal aquí encerrado y siempre me lo reprochas.

ANDRÉS.—No, pero si yo me estaba acostumbrando ya a no salir... Y a pasarlo bien aquí contigo... Y estaba tan contento, y ya París no me importaba nada. Pero eso de que esté ahí ese tipo decidido a pegarme es lo que me pone de mal humor.

NINETTE.—*(Se levanta.)* ¿Tú quieres que terminemos con eso?

ANDRÉS.—Claro...

NINETTE.—Entonces, espera... *(Y va a la ventana y se asoma.)* Ya han cambiado de turno. Y ahora está René. Y de pie, en la acera.

ANDRÉS.—Y ¿qué?

NINETTE.—Que voy a arreglar esto de una manera definitiva.

ANDRÉS.—Pero ¿cómo vas a arreglarlo?

NINETTE.—Bajando a la calle y hablando con él.

ANDRÉS.—No, eso no. No me gusta que hables más con él.

NINETTE.—No hay más remedio, si quieres salir.

ANDRÉS.—Pero y ¿qué vas a decirle?

NINETTE.—Tú no te preocupes, que yo te aseguro que no vuelve más, y que nos dejará tranquilos. Y esta tarde, para celebrarlo, vamos a salir a dar un paseo.

ANDRÉS.—Mira, eso sí que no me lo creo.

NINETTE.—Que sí, que sí, que te lo aseguro.

ANDRÉS.—Entonces, ¿me voy quitando ya la venda?

NINETTE.—(*En una de esas reacciones de genio a las que es tan propicia* NINETTE.) ¡Ah, no! Tú quieres que todo sea en seguida, mon cherí. Tú no tienes calma para nada, voyons. Y eso no está bien, monsieur, porque gracias a la venda usted y yo hemos podido estar solos en casa y pasar unos ratos muy bonitos, usted lo sabe...

ANDRÉS.—Pero es que digo yo...

NINETTE.—Y si usted no tiene amor a la venda que lleva, evidentemente es que no me tiene amor a mí. Y si usted no me tiene amor a mí no vale la pena que yo me sacrifique y baje a hablar con René para que le deje tranquilo y usted pueda salir a ver en París esas tonterías que se ven, señor.

ANDRÉS.—Bueno, bueno, no te enfades, que es que hay que ver cómo os ponéis aquí en seguida...

NINETTE.—No me enfado, señor. Mais c'est ne pas jolie ce que vous avait dit, mon Dieu...

ANDRÉS.—Bueno, bueno, entonces no tardarás, ¿verdad?

NINETTE.—No, no tardo. Yo vuelvo en seguida. Un beso, Andrés, mon amour...

ANDRÉS.—Sí, sí.

                                            (Y se besan.)

NINETTE.—¿Tú me amas?

ANDRÉS.—Sí que te amo, sí.

NINETTE.—¿De verdad?

ANDRÉS.—¡Hombre, de verdad!

NINETTE.—Entonces, adiós... *(Y va a la puerta.)* A bientôt.

> *(Y* NINETTE *hace mutis por la puerta de la escalera.* ANDRÉS *se dirige al público, mientras se empieza a oír, lejos, una música de acordeón.)*

ANDRÉS.—¿Amaba yo a Ninette, o no la amaba? Mejor dicho, ¿lo estaba pasando bien con ella, o no? Hay que reconocer que si con ella no lo estaba pasando bien es que decididamente era tonto, ya que el sueño de toda mi vida se estaba realizando punto por punto. ¿Por qué, entonces, estaba yo de tan mal humor? ¿Acaso porque este plan no se lo podía contar a nadie, o, tal vez, porque no podía salir a la calle y ver París? Indudablemente este asunto de las mujeres es muy complicado y resulta que cuando uno analiza su caso y está convencido de que, científicamente, lo está pasando la mar de bien, la verdad es que no lo está uno pasando tan bien como parece y que toda esta aventura me estaba ya hartando. Y, sin embargo, cuando Ninette salió y desde la ventana la vi cómo se reunía con René y después de cambiar unas palabras cruzaban la calle y se metían en el bar de enfrente, me quedé un poco triste. Y me entristecí mucho más cuando pasaron diez minutos y después quince, y después veinte y ninguno de los dos

NINETTE Y UN SEÑOR DE MURCIA

salían de aquel endemoniado café, del que llegaba a mis
oídos una musiquilla de acordeón. O sea, que cuando ella
estaba conmigo, me sentía atado y nervioso. Pero ahora
que se había marchado con su antiguo novio, no sólo la
echaba de menos, sino que tenía unos celos espantosos.
Y en este estado de ánimo, más bien confuso, fue cuando
se le ocurrió venir a mi amigo Armando, tan oportuno
como siempre. Y que además me empezó a hablar en un
tono que no me gustó nada. Así es, que habían llamado a
la puerta, y que yo fui a abrir.

> (*Llaman a la puerta.* ANDRÉS *abre. Y en-*
> *tra* ARMANDO.)

ARMANDO.—Hola.

ANDRÉS.—Hola.

ARMANDO.—¿Qué hay?

ANDRÉS.—Ya ves.

ARMANDO.—¿Estás solo?

ANDRÉS.—Sí, solo.

ARMANDO.—¿No está madame Bernarda?

ANDRÉS.—Pues no.

ARMANDO.—Ya. (*Y se sienta en el sofá.*) Y ¿qué tal te
encuentras, hombre?

ANDRÉS.—Pues ya ves, casi igual.

ARMANDO.—Claro, claro...

ANDRÉS.—¿Por qué dices claro?

ARMANDO.—No, por nada. Porque se me ha ocurrido.

ANDRÉS.—¡Ah!

ARMANDO.—Conque con el tobillito, ¿no?

ANDRÉS.—Pues sí, con el tobillito.

ARMANDO.—¿Sabes una cosa?

ANDRÉS.—No.

ARMANDO.—Pues que me hace a mí gracia eso de tu tobillito.

ANDRÉS.—¿Y por qué te hace gracia, hombre?

ARMANDO.—Porque si es grave, has podido llamar a un médico. Y si no lo es, en veintitantos días ya podías haberte curado.

ANDRÉS.—Pues ya ves cómo no.

(Hay una pausa.)

ARMANDO.—¡Andrés!

ANDRÉS.—¿Qué?

ARMANDO.—Tengo que hablar contigo seriamente...

ANDRÉS.—Pues tú me dirás.

ARMANDO.—Andrés, me parece que ya he descubierto la razón por la cual estás siempre aquí metido.

ANDRÉS.—Pues porque estoy malo.

ARMANDO.—No estás malo. Todo eso son excusas.

ANDRÉS.—Excusas, ¿para qué?

ARMANDO.—Andrés, esto que estás haciendo está muy feo, pero que muy feo.

ANDRÉS.—¿Qué es lo que estoy haciendo?

ARMANDO.—Andrés... yo comprendo que en Murcia el asunto de las mujeres esté difícil y que al llegar a París hayas querido aprovecharte... ¡Pero, vamos, haberte liado con madame Bernarda!...

ANDRÉS.—¿Cómo dices...?

ARMANDO.—Lo que has oído.

ANDRÉS.—Pero ¿qué quieres insinuar?

ARMANDO.—Que si no sales es porque estás liado con madame Bernarda.

ANDRÉS.—¿Pero tú estás loco?

ARMANDO.—No estoy loco. Las mujeres casadas, en Francia, ya se sabe... Vamos, toda la literatura es a base de eso. El marido, la mujer y el amante. Y esta madame Bernarda no iba a ser una excepción.

ANDRÉS.—¿Ah, sí?

ARMANDO.—Sí, señor. Pero lo que no sé es lo que te ha podido atraer a ti de esta señora. Porque muy bien, muy bien, no creo que esté. ¡A no ser que cuando se quite el sombrero resulte que tenga muy buen cuerpo!

ANDRÉS.—Te aseguro que estás equivocado.

ARMANDO.—Y no es lo malo que te hayas liado con madame Bernarda. Lo malo es que si se entera su marido, ya verás cómo se va a poner. Porque él es español y no francés. Y no traga, que te lo digo yo.

ANDRÉS.—¡Armando!...

ARMANDO.—No, no, si no tienes disculpas. ¡Abusar de una familia a la que yo te he recomendado! ¡Y con una mujer que te lleva años...!

ANDRÉS.—¡Armando!

ARMANDO.—Todavía si hubiera sido con la hija, tendría cierta justificación. Bueno, tampoco, pero en fin...

ANDRÉS.—¡Armando!

ARMANDO.—Claro que con ésa no hay nada que hacer. Además, ahora la acabo de ver en el bar de enfrente con ese novio que se ha echado...

ANDRÉS.—No es su novio.

ARMANDO.—¿Qué es entonces?

ANDRÉS.—Era su novio, pero ha terminado con él.

ARMANDO.—Y ¿por qué están juntos ahora?

ANDRÉS.—Armando...

ARMANDO.—¿Qué?

ANDRÉS.—Hace poco monsieur Pierre me ha dicho que si soy afeminado.

ARMANDO.—¿Ah, sí?

ANDRÉS.—Sí.

ARMANDO.—Y no lo eres, ¿no?

ANDRÉS.—*(Indignado.)* ¡No! ¡Ni tampoco estoy liado con madame Bernarda!

ARMANDO.—¿Entonces...?

ANDRÉS.—Entonces, si me guardas el secreto, te diré una cosa.

ARMANDO.—¿Cuál?

ANDRÉS.—Que con quien estoy liado es con la hija.

ARMANDO.—¿Con Ninette?

ANDRÉS.—Con Ninette.

ARMANDO.—No.

ANDRÉS.—Sí.

ARMANDO.—No es posible.

ANDRÉS.—Pues lo es.

ARMANDO.—Pero ¿cómo ha sido eso, hombre, cómo ha sido eso?

ANDRÉS.—Desde el primer día.

ARMANDO.—No.

ANDRÉS.—Que sí.

ARMANDO.—¿Pero a base de qué?

ANDRÉS.—A base de todo.

ARMANDO.—Que no, hombre, que no, que no... Que no me lo creo...

ANDRÉS.—Que sí.

ARMANDO.—Pero, vamos, ¿tú quieres decir?...

ANDRÉS.—Eso.

ARMANDO.—Pero...

ANDRÉS.—Sí.

ARMANDO.—Caray... Y ¿cómo fue la cosa, hombre? Cuéntame...

ANDRÉS.—Pues de lo más sencillo. *(Por la habitación de la derecha.)* Entramos ahí y ya está.

ARMANDO.—¿Pero no hubo lucha?

ANDRÉS.—Nada. Todo por las buenas. En plan simpático. Por eso, aquella noche, no quise salir contigo. Ni al día siguiente, ni al otro...

ARMANDO.—Ya.

ANDRÉS.—Y como la pobre chica está enamorada de mí, para terminar con su novio, le dijo lo que había pasado, y el novio se enfadó mucho y me está esperando en la calle para pegarme.

ARMANDO.—Pues si te pega te deshace. Porque es así...

> *(Y con un ademán, indica su fortaleza física.)*

ANDRÉS.—Pues por eso no salgo. Y para justificarme ante los padres y ante ti, he inventado lo del tobillo. Pero mira si lo muevo o no... Míralo.

> *(Y mueve el pie.)*

ARMANDO.—Pues sí es verdad, sí. Y ¿por qué no me lo has dicho antes?

ANDRÉS.—Porque ella no quiere que se sepa.

ARMANDO.—Y ¿por qué me lo has contado ahora?

ANDRÉS.—Porque a mí no me dice nadie que soy afeminado, ¿sabes? Ni mucho menos que me he liado con madame Bernarda ¡Ya está bien, hombre, ya está bien!...

ARMANDO.—Y ¿cómo es que ahora está en el café con el novio?

ANDRÉS.—Ha ido para convencerle de que no me pegue. Y así ya podré salir. Y seguramente saldré esta noche a dar un paseo...

ARMANDO.—¿Con quién?

ANDRÉS.—Con ella.

ARMANDO.—¿Y yo?

ANDRÉS.—Ah, no sé...

ARMANDO.—Es que yo estoy aburrido. Y podría salir con vosotros.

ANDRÉS.—¿Pero y Colette?...

ARMANDO.—No existe.

ANDRÉS.—¿No?

ARMANDO.—Ya que tú me has contado lo tuyo te diré que Colette no existe.

ANDRÉS.—Y ¿por qué, entonces, me dijiste...?

ARMANDO.—Te lo dije para presumir. Pero nada. No hay tal Colette. Vamos, ni Colette ni nadie. Que desde que estoy en París, nada.

ANDRÉS.—¿De verdad?

ARMANDO.—Pero ¿cómo te lo diría yo...?

ANDRÉS.—¿Y aquellas modelos de las que me hablaste?

ARMANDO.—Nada. No había tales modelos. En caso de apuro te hubiera presentado a dos españolas de Alsasua que han venido aquí a cuidar niños. Pero decentísimas, ¿eh? De esas que se las lleva a un baile y sólo toman un vaso de leche... Y, ya, cuando se animan, un «plun-cake». Y eso es todo lo que se encuentra aquí.

ANDRÉS.—Entonces, ¿esto mío de Ninette?...

ARMANDO.—Que has tenido una suerte bárbara.

ANDRÉS.—¿De verdad?

ARMANDO.—Pero, vamos... Que esto no ocurre aquí todos los días. Bueno, ni en días alternos. Que no ocurre, vamos... Porque es que, además, Ninette está muy rica.

ANDRÉS.—*(Presumiendo.)* Sí, eso sí. No está mal, no está mal.

ARMANDO.—Ahora que, de todos modos, esto que estás haciendo es una canallada.

ANDRÉS.—¿Tú crees?

ARMANDO.—Pero una verdadera canallada. Y en la propia casa de los padres... Y vas a tener problemas, ¿sabes?...

ANDRÉS.—No creo.

ARMANDO.—¿Cómo que no? ¿Cuáles son tus planes?

ANDRÉS.—Pues una vez que pueda salir y ver París un rato, volverme a Murcia.

ARMANDO.—¿Qué dices? ¿Que la vas a dejar?

ANDRÉS.—Y ¿por qué no? Yo no me he comprometido a nada. Y, además, esto en París es muy frecuente, aunque tú, por lo que sea, no hayas tenido oportunidades. Así, que nada. Si quieres venir esta noche con nosotros, te dejamos...

ARMANDO.—En caso, claro, de que Ninette vuelva...

ANDRÉS.—Y ¿por qué no va a volver?

ARMANDO.—Porque como está con su novio...

ANDRÉS.—Con su antiguo novio.

ARMANDO.—De todos modos, tarda mucho.

ANDRÉS.—Sí que tarda, sí. Y ¿qué hacían cuando tú los has visto?

ARMANDO.—Estaban sentados en una mesa. Hablando...

ANDRÉS.—¿Muy juntos?

ARMANDO.—Pues no estaban muy separados, no.

ANDRÉS.—¿Y si fuera a buscarla?

ARMANDO.—Que el tipo se las trae, ¿eh? Que se las trae...

ANDRÉS.—¡No me importa nada! ¡Soy español!

ARMANDO.—Y ¿por qué no has salido antes?

ANDRÉS.—Porque antes estaba ella conmigo, pero ahora está con él. ¡Y no lo aguanto! ¡Y a mí ese franchute me va a oír!...

ARMANDO.—Bueno, hombre, cálmate...

ANDRÉS.—*(Que ha abierto la puerta de la escalera, vuelve a cerrarla.)* ¡Calla! ¡Que me parece que aquí viene...!
                                        (Y los dos se alejan de la puerta. Ésta
                                        se abre y entra NINETTE.)

NINETTE.—Hola.

ANDRÉS.—Hola.

NINETTE.—¡Ah! ¡Si está aquí monsieur Armand! Ça va bien, monsieur?

ARMANDO.—*(Sin quitarle la vista de encima.)* Pues muy bien, muy bien. Pero que muy bien...

NINETTE.—*(Después de observar a uno y a otro.)* Bon. ¿Ya le has contado lo nuestro a tu amigo?

ANDRÉS.—¿Yo?

ARMANDO.—¿A mí?

ANDRÉS.—¿Qué es lo que iba a contarle?

NINETTE.—No hay más que ver cómo me mira para saber que ya lo sabe todo. Tiene una cara que no puede negarlo, voyons...

ANDRÉS.—Pero ¿por qué pones esa cara?

ARMANDO.—Pero ¿qué cara pongo?

ANDRÉS.—Pues ésa. ¿No te la estás viendo?

NINETTE.—Bueno, no hay que discutir. Es natural que, siendo tu mejor amigo, se lo hayas contado. René ya lo sabe también y lo contará por ahí. Así es que usted también lo puede saber, señor. Andrés y yo tenemos relaciones íntimas. Voilá! ¿Le parece bien? ¿Tiene usted algo que objetar?

ARMANDO.—No, no... Yo, nada...

ANDRÉS.—Y René, ¿qué te ha dicho?

NINETTE.—Se va. Se ha ido ya. Y no nos volverá a molestar.

ANDRÉS.—Y ¿cómo has conseguido que nos deje tranquilos?

NINETTE.—En Francia lo único que se respeta es la maternidad. Los niños son sagrados, ¿tú sabes? Y le he dicho que voy a tener un niño tuyo.

ANDRÉS.—¿Ah, sí?

NINETTE.—Sí.

ANDRÉS.—Pues mira, ha sido una buena idea.

ARMANDO.—Desde luego, con ese pretexto, ya te dejará tranquilo.

NINETTE.—No es ningún pretexto, señor. Es la verdad. Estoy embarazada de Andrés.

ANDRÉS.—¿Es posible?

NINETTE.—Pues claro. (*A* ARMANDO.) Es normal, ¿no, señor?

ARMANDO.—Sí, claro, claro.

ANDRÉS.—Pero oye, yo creía que en París no se tenían niños.

NINETTE.—Y ¿qué sería del ejército francés entonces? Hay que tener niños.

ARMANDO.—Pues a mí también me habían dicho... Vamos, me refiero así, entre novios...

NINETTE.—¡Oh, señor, eso son patrañas! Cuando llegan los niños, llegan los niños...

ANDRÉS.—Entonces, ¿igual que en Murcia?...

NINETTE.—Supongo que igual.

ARMANDO.—Bueno, bueno, pues yo me tengo que marchar...

ANDRÉS.—¿Por qué?

ARMANDO.—Porque me parece que te has metido en un buen lío, ¿no?

NINETTE.—Claro que sí. Todo esto de los hombres y de las mujeres es siempre un lío. Pero es un lío agradable, ¿no? Se pasa bien, ¿no?

ARMANDO.—Sí, sí, debe pasarse...

ANDRÉS.—Pero, según eso, ahora...

NINETTE.—¡Ah, tú tienes tu libertad!

ANDRÉS.—Pero si se enteran tus padres...

NINETTE.—¡Ah, eso sí! Yo debo decírselo...

ARMANDO.—Pero se van a enfadar.

NINETTE.—Bien sûr. Pero también es normal que se enfaden. Todo es normal, señor. El hombre, la mujer, el amor, el niño, los padres...

ARMANDO.—Bueno, bueno, pues yo me voy.

ANDRÉS.—No te vayas, hombre, espera...

ARMANDO.—Es que si vienen ahora los padres y...

ANDRÉS.—¿Y estás segura, Ninette, que de verdad vas a tener un niño?

NINETTE.—Claro que sí. Es lo primero que aprendemos a saber las mujeres francesas. Pero no tengas miedo. No tienes responsabilidad. Yo no te exijo nada. Puedes irte a Murcia si quieres. Y ahora mismo, ¿eh?

ANDRÉS.—Bueno, tanta prisa no tengo...

NINETTE.—Entonces, quítate la venda, vístete, y, para celebrarlo, vamos a salir...

ANDRÉS.—¿Adónde?

NINETTE.—A ver París.

ANDRÉS.—*(Muy contento, mientras se va quitando la venda.)* ¡Eso, eso!

NINETTE.—¿Usted tiene coche, señor?

ARMANDO.—Sí, pero en el taller. Porque le han dado ayer un golpe.

ANDRÉS.—Pero qué oportuno eres siempre, caramba...

ARMANDO.—Y ¿cómo iba yo a saber que Ninette iba a tener un niño?

ANDRÉS.—Pues te lo has debido figurar...

NINETTE.—Bueno, es igual. Cogeremos un taxi. Y usted vendrá con nosotros. ¿No te importa que él venga, André?

ANDRÉS.—No, nada, nada...

NINETTE.—Y en el taxi recorreremos París. Y cenaremos en el «bateau-mouche», ¿eh? Y después iremos al Folies-Bergére...

ARMANDO.—Pero eso nos va a costar carísimo...

ANDRÉS.—¿Quieres callar, hombre? Es la primera vez que voy a salir. Me parece que tengo derecho a ver cosas...

NINETTE.—Bueno, pues, anda, arréglate.

ANDRÉS.—Eso. Y después, de lo otro, ya mañana hablaremos, ¿no?

NINETTE.—Eso. Después, ya mañana hablaremos, mon amour...

> (*Y en este momento se abre la puerta
> y entra* PEDRO. *Viene bastante serio.*)

PEDRO.—Bon soir...

ARMANDO.—Bon soir...

ANDRÉS.—Bon soir...

> (*Y ante la extrañeza de todos,* PEDRO
> *va al aparador, coge la botella y echa
> un trago.*)

NINETTE.—Pero ¿cómo tú aquí, papá? ¿Estás enfermo? ¿Te ha ocurrido algo?

PEDRO.—No, nada. A mí, nada.

NINETTE.—Et, alors? ¿Cómo es que no estás en tu trabajo?

PEDRO.—Oh, la, lá! Le travaille!... ¿De visita, no, monsieur Armand?

ARMANDO.—Pues sí. Aquí he venido a ver a mi amigo. Como está enfermo, ¿sabe usted?...

(ANDRÉS, *ya sin venda, y con bastante*
miedo, lo mismo que ARMANDO, *se dirige*
a su habitación olvidándose de cojear.)

PEDRO.—Cuando yo me fui hace un rato, sí que lo estaba. Pero ahora veo que anda perfectamente. Y, además, sin venda... ¿Ha ocurrido un milagro, señor?

ANDRÉS.—Pues no. Que me he aliviado mucho. Y en vista de eso pensaba salir.

PEDRO.—¿Salir? ¡Ah, no! Usted no puede salir de aquí, señor. Ni usted, ni mi hija, ni monsieur Armand, ni nadie. Siéntense.

NINETTE.—Pero ¿por qué?

PEDRO.—¿Por qué? ¿Tú sabes lo que pasa? ¿No? Pues yo sí, ma petit. C'est la grève...

NINETTE.—¿La huelga?

PEDRO.—Bien sûr, la huelga.

ARMANDO.—*(A* ANDRÉS, *ya más tranquilo.)* Oye. Que hay huelga.

ANDRÉS.—¿Ah, sí?

PEDRO.—Se hablaba de eso hace diez días, señor, pero nunca se creyó que se produjese. Y hace media hora que se ha decretado el paro general. Luz, gas, espectáculos, correos y transportes. ¡Todo! ¡La ciudad parada! ¿Eh? ¿Y qué se consigue con la huelga, eh? ¿Es que no tenemos un Gobierno de fuerza para impedirlo? ¿Es que un país puede estar a merced de un grupo de huelguistas? ¡Oh, no!
(Y se sienta en la butaca.)

ANDRÉS.—Pero, oiga, los taxis sí funcionarán.

PEDRO.—No, señor. Ni el metro. Nada. Por eso le digo que ustedes no pueden salir. No vale la pena, señor.

ARMANDO.—¿Y los barcos? ¿Tampoco hay barcos?

PEDRO.—Tampoco hay barcos.

NINETTE.—Pero teatros y cines sí habrá.

PEDRO.—Ningún espectáculo. Y en vista de eso yo he pensado en usted, monsieur Martínez.

ANDRÉS.—¿Ah, sí?

PEDRO.—Sí, señor. Y les he dicho a un grupo de amigos españoles que vengan a casa y que yo tocaré la gaita.

NINETTE.—¡Pero papá! Monsieur Martínez está cansado de oírte tocar la gaita.

PEDRO.—Pero mis amigos no. Y uno de los que van a venir es de Albacete. Y él tiene mucho interés en conocerle para que le hable usted de la región.

ANDRÉS.—¿Pero y no podíamos hablar en un café? Por lo menos para ver pasar la gente.

PEDRO.—No irán ustedes a despreciar mi casa, señores. Además, ya se lo he dicho a madame Bernarda que está cerrando la tienda y va a traer unas cosas para merendar...

> *(Por la puerta de la escalera entra BER-*
> *NARDA con una redecilla en la que trae*
> *algunos víveres.)*

BERNARDA.—Alors, tout finí... Tout fermé... Bon soir, monsieur Armand... Oh, c'est idiot la huelga! En fin. Aquí traigo las cosas para la merienda... Chorizo, jamón y bacalao... ¿Eh?

PEDRO.—¡Maravilloso!

NINETTE.—¡Papá!

PEDRO.—¿Qué?

NINETTE.—Estoy embarazada.

PEDRO.—¿Ah, sí?

NINETTE.—Sí.

PEDRO.—*(Muy tranquilo.)* ¿Y de quién, ma cherie?

NINETTE.—De ese señor. De monsieur André.

PEDRO.—¿Has oído, Bernarda? Ninette está embarazada de este señor.

BERNARDA.—*(Igual de tranquila.)* Y ¿cómo ha sido eso?

NINETTE.—Ya ves, mamá. Cosas que pasan.

BERNARDA.—Entonces... ¿A eso le llamabas tú leer?

NINETTE.—Ha habido tiempo para todo, mamá.

BERNARDA.—¿Ah, sí?

NINETTE.—Claro que sí...

PEDRO.—Bueno, pues después hablaremos de eso, ¿no? Ahora hay que preparar las cosas para los invitados.

> *(Y se levanta tan contento.)*

BERNARDA.—Ven a ayudarme a la cocina, Pierre. Tienes que ir sacando las botellas.

> *(Y* BERNARDA *hace mutis por el pasillo.)*

PEDRO.—Voy en seguida.

> *(Y también hace mutis, canturreando, detrás de* BERNARDA.)*

ANDRÉS.—Pues no parece que se han enfadado mucho, ¿verdad?

NINETTE.—Pues no.

ARMANDO.—Incluso yo creo que les ha hecho gracia.

NINETTE.—Pero yo nunca pensé que mis padres reaccionaran de esta manera.

ANDRÉS.—Pues mucho mejor, ¿no?

NINETTE.—¡Ah, sí! Pero un poquito sí han podido enfadarse... No está bien lo que he hecho, y yo lo sé. Y soy su hija, ¿no?

> *(Y, muy contrariada, enciende un cigarrillo.)*

ANDRÉS.—De todos modos ya sabía yo que con estas ideas que tienen no podían tomarlo tan a mal. Esto es lo que se llama libertad...

ARMANDO.—Es que esto de Francia es que da gusto.

ANDRÉS.—Que es otra la mentalidad. Qué invento, ¿eh?

ARMANDO.—Fíjate si esto que te ha ocurrido aquí te pasa en España, en una pensión...

ANDRÉS.—La que se arma...

> *(Entra* PEDRO *por el pasillo con una botella de sidra.)*

PEDRO.—Aquí está la sidra. Y Bernarda está preparando los bocadillos de chorizo.

ANDRÉS.—Estupendo.

PEDRO.—Tome este vaso. *(Y coge un vaso del aparador que le da a* ANDRÉS.*)* Vamos a beber.

ANDRÉS.—Sí, señor.

PEDRO.—*(A* ARMANDO.*)* Y usted tome otro vaso.

ARMANDO.—No faltaba más.

PEDRO.—¿Tú quieres sidra, niña?

NINETTE.—No se me apetece, papá.

> *(Y va a sentarse en una silla cerca de la mesa, mientras* PEDRO *sirve la sidra y los amigos beben.)*

ANDRÉS.—Desde luego es usted la mar de simpático, don Pedro.

PEDRO.—¿Ah, sí?

ARMANDO.—Pero una barbaridad.

ANDRÉS.—Y además muy comprensivo, sí señor. Y muy europeo...

PEDRO.—¿Lo dice usted por la broma que nos ha gastado Ninette? Estoy acostumbrado a sus bromas, señor. Ella siempre nos gasta bromas en casa y me gusta más verla así que encerrada en su cuarto leyendo noveluchas. *(A los dos amigos, que están sentados en el sofá, se les empieza a torcer el gesto.)* Claro que, a veces, ella gasta bromas de mal gusto, como ésta de ahora, pero que también tienen su gracia...

NINETTE.—Papá.

PEDRO.—¿Qué?

NINETTE.—No se trataba de ninguna broma.

PEDRO.—¿Cómo dices?

NINETTE.—Que es verdad. Que estoy embarazada de ese señor.

PEDRO.—No.

NINETTE.—Sí.

PEDRO.—Repítelo.

NINETTE.—Papá, voy a tener un hijo de monsieur Martínez. Es verdad.

PEDRO.—¿Que es verdad? ¿Has dicho que es verdad?

NINETTE.—Sí, papá.

> (PEDRO, *de un golpe, deja su vaso sobre*
> *la mesa. Su actitud ha empezado a ser*
> *melodramática.*)

PEDRO.—¿Que este señor, en mi propia casa, se ha permitido...?

NINETTE.—Yo le he dado facilidades, papá. Él no quería. Pero a mí me ha gustado y lo he hecho.

PEDRO.—¿Quieres decir que este señorito te ha perdido?...

NINETTE.—No es esa la palabra, papá. No ha sido a la fuerza. Hemos hecho lo que es natural entre un hombre y una mujer. Soy francesa.

PEDRO.—¡Una porra!

NINETTE.—He nacido en París.

PEDRO.—Y yo en Cangas. Y tu madre en Langreo. Y somos españoles.

ANDRÉS.—Yo le voy a explicar a usted...

PEDRO.—¡Usted cállese! Y siéntese... (*A* ARMANDO.) ¿Y usted qué dice, eh, usted qué dice?

ARMANDO.—¿Quién? ¿Yo?

PEDRO.—Sí, usted, señor. Usted que es el responsable de todo, porque nos ha traído aquí a este sinvergüenza...

ARMANDO.—Le advierto a usted que yo no he tomado parte en el asunto...

ANDRÉS.—Para todos ha sido una sorpresa. Y si quiere usted que yo le explique...

PEDRO.—Usted no me tiene que explicar nada. Es nuestro honor lo que se juega aquí... (*Y llama.*) ¡Bernarda! ¡Bernarda!

(*Entra* BERNARDA *llorando.*)

BERNARDA.—¡Lo he oído todo! (*Y va hacia* NINETTE.) ¡Hija!

(*Y la abraza.*)

NINETTE.—¡Madre!

PEDRO.—Somos de izquierdas, sí, pero honrados y trabajadores. Y si algo nos compensa de estar lejos de nuestra patria, es Ninette. Ella es la única que alegra esta casa, en donde, aunque usted no lo crea, lloramos mucho recordando Asturias... Y ahora llega usted y...

NINETTE.—¡Pero papá!

PEDRO.—¡Calla! ¡Y sal de aquí! ¡Vete! Que yo no te vea...

NINETTE.—Sí, papá.

(*Y* NINETTE *hace mutis por la puerta del pasillo.*)

ARMANDO.—(*Dirigiéndose a la puerta de la escalera.*) Yo también creo que si a ustedes no les importa, y tratándose de cosas íntimas...

PEDRO.—No. Usted se queda. ¡Y siéntese!

ARMANDO.—¿Que me siente?

PEDRO.—Sí, señor.

ARMANDO.—Bueno, pues muchas gracias...

> (Y se sienta, siempre con un vaso de
> sidra en la mano.)

PEDRO.—(A ANDRÉS.) Y usted también.

ANDRÉS.—Sí, señor.

> (Y también se sienta.)

PEDRO.—Y tú, Bernarda...

BERNARDA.—No. Yo de pie. A tu lado, guapín... Para defender a mi hija y para vengar nuestro honor. Habla, Pierre. Diles algo. Empieza... O de lo contrario no sé si podré contenerme y saldrá en mí esa verdulera que llevo dentro, capaz de decir las mayores atrocidades... Habla, Pierre...

> (Mientras BERNARDA habla, ANDRÉS se
> ha levantado y se adelanta al público, al
> que se dirige. Y tras él se cierran las
> cortinas.)

ANDRÉS.—Cuando el asunto se ponía ya grave y las atrocidades a que se refería madame Bernarda empezaron a tomar una forma elocuente, llegaron los invitados de monsieur Pierre, que, aunque afincados en Francia y con ideas marxistas, eran rabiosamente españoles para estas cosas del amor; y al saber lo ocurrido, decidieron que yo me tenía que casar con la chica lo antes posible para ocultar la falta y que París entero no criticase a la familia. Y que, además, me tenía que casar por la Iglesia, como Dios manda. Y también convinieron que yo me iría a Murcia dos días más tarde a arreglar los papeles, dejando como rehén a Armando, que sufriría terribles represalias en caso de que yo no volviera. Y lo peor de todo y lo más perverso es que yo

no pensaba volver. Porque yo había venido a París a tener
una aventura y a subir en el «bateau-mouche» y no a casarme. Y porque, además, si me casaba, ya no podía contar
en Murcia, en el Casino, mi aventura con Ninette, cosa que
me hacía bastante ilusión. Y aunque todo esto que se pro-
yectó en un principio no llegó a realizarse, y el final fue
más bien diferente, Ninette, que por ser la única francesa
del grupo no comprendía bien todo aquel jaleo, se puso
enferma del disgusto, con los nervios de punta y se quería
tirar por la ventana. Para impedirlo y no tener una nueva
responsabilidad, yo, como era ya costumbre, me veía obli-
gado a quedarme en casa, sin poder salir. Y ella me daba
la lata continuamente...

(*Dentro se escucha la voz de* NINETTE.)

NINETTE.—¡André!

ANDRÉS.—¿Qué?

NINETTE.—Ven.

ANDRÉS.—Voy.

(*Las cortinas se han abierto. Y vemos a*
NINETTE *con una bata de casa, echada
lánguidamente en el sofá. Es el día siguiente. Las dos de la tarde.*)

NINETTE.—¿Qué hacías?

ANDRÉS.—Nada. Estaba en mi cuarto, pensando...

NINETTE.—Perdóname por todo, amor mío. ¿Eres muy
desgraciado teniéndote que quedar aquí conmigo?

ANDRÉS.—No soy desgraciado, caramba. Pero si me voy
pasado mañana, me hubiera gustado ir a comprar esos encargos que me han hecho.

NINETTE.—Tú no te tienes que preocupar. Ya ha ido
a comprártelos monsieur Armando.

ANDRÉS.—Pero como él dice que todo lo que hay en París se encuentra mejor y más barato en Murcia, resulta que no me quiere comprar nada.

NINETTE.—¡Ah, sí! Te ha prometido que te compraría la faja y el queso.

ANDRÉS.—Pero con el mal humor que tiene, habrá que ver qué queso y qué faja me va a traer.

NINETTE.—No te metas con tu amigo, que el pobre se tiene que quedar aquí de responsable mientras tú vuelves... Pero ¡qué drama tan terrible! ¿Por qué son ustedes así los españoles? ¡Oh, no, eso no está bien! ¡Y yo soy muy desgraciada! ¡Y ahora mismo me voy a tirar por la ventana!

> (*Y va hacia la ventana, que está abierta.* ANDRÉS *sujeta a* NINETTE.)

ANDRÉS.—¡Vamos, vamos, cálmate!

NINETTE.—Sí, cariño, sí.

ANDRÉS.—Y siéntate aquí.

NINETTE.—Sí, como tú quieras.

> (*Y se sienta en una silla, al lado de la mesa.*)

ANDRÉS.—¿Estás ya más tranquila?

NINETTE.—Sí, ya estoy más tranquila. Pero es que cada vez que lo pienso... Porque es que hay que ver qué clase de amigos tiene papá, ¿eh?

ANDRÉS.—A mí el que me da más miedo es ese bajito que vino a última hora.

NINETTE.—¿El de Albacete?

ANDRÉS.—Ése, ése. El de la gorrita y la bufanda.

NINETTE.—¡Pobrecito monsieur Armand lo que le espera si tú no vuelves! Y a lo mejor tú no vuelves, ¿verdad?

ANDRÉS.—Ya os he dicho que sí, demonio...

NINETTE.—¿No te arrepentirás?

ANDRÉS.—No me arrepentiré.

NINETTE.—Entonces, dame agua.

ANDRÉS.—¿Otra vez?

NINETTE.—Otra vez.

ANDRÉS.—Sí, hija, te daré agua. *(Y en un vaso le sirve agua de una botella que hay en el aparador.)* ¿Mucha o poca?

NINETTE.—Como antes.

ANDRÉS.—Bueno, toma el agua.

NINETTE.—¡Pero el agua es para la píldora, voyons! Si no me das la píldora, ¿para qué quiero el agua?

ANDRÉS.—Bueno, bueno, no te enfades, toma la píldora...
(Y le da la píldora de un tubo que también hay en el aparador.)

NINETTE.—Gracias.

ANDRÉS.—De nada.

NINETTE.—¡Mira que tenernos que casar ahora!

ANDRÉS.—Ya ves.

NINETTE.—Y ¿qué voy a hacer yo contigo en Murcia?

ANDRÉS.—Eso digo yo.

NINETTE.—Porque todo lo que teníamos que hacer lo hemos hecho ya.

ANDRÉS.—Pues poco más o menos.

NINETTE.—Y ¿cómo es que tú no quieres quedarte a vivir aquí?

ANDRÉS.—Porque ya sabes que no puedo.

NINETTE.—¿Es que no te gusta París?

ANDRÉS.—Y ¿cómo quieres que lo sepa, córcholis, si todavía no he puesto los pies en la calle?

NINETTE.—Es verdad, claro, pobrecito. ¡Pero cierra la ventana, por favor, que yo no la vea!

ANDRÉS.—Sí, hija, sí. Pero no me des tanto la lata, que todavía no nos hemos casado.

(Y cierra la ventana.)

NINETTE.—Si te molesta tanto casarte conmigo, lo mejor que puedes hacer es no volver de Murcia.

ANDRÉS.—¿Para que despedacen a mi amigo?

NINETTE.—¡Oh, no! Eso son amenazas sin fundamento. Y ellos no serían capaces de hacerlo. Y, en todo caso, lo que yo puedo hacer es casarme con él.

ANDRÉS.—¿Con quién?

NINETTE.—Con Armando. Es muy simpático. Y muy guapo. Y yo a él le gusto mucho y siempre me dice que tengo mucho dinero...

ANDRÉS.—Lo que te dice es que estás muy rica.

NINETTE.—Es la misma cosa. Y como de lo que se trata es de que el niño tenga un padre, pues puede serlo él.

ANDRÉS.—Entonces, ¿resulta que a ti te da igual uno que otro?

NINETTE.—Igual, no. Ni mucho menos... Pero si tú te enfadas tanto...

ANDRÉS.—En ese caso también podías casarte con René, y dejar a Armando tranquilo.

NINETTE.—¡Ah, no! A mí René no me ha importado nunca nada. Y yo quiero que el padre de mi hijo sea español. Siempre lo he deseado.

ANDRÉS.—Pues ya habrás tenido ocasión, porque en París hay muchos españoles.

NINETTE.—Pero ninguno ha venido a vivir a mi casa. Y, además, que tú eres un español con ideas diferentes a las de mis padres.

ANDRÉS.—Vamos, que tú querías un nacional.

NINETTE.—No es política lo que he hecho yo en esa habitación. *(Por la de la derecha.)* Ha sido amor. Pero tú vienes a París a hacer el tonto, encuentras una mujer que te quiere, y todavía te quejas.

ANDRÉS.—No me quejo, pero esto nos ha complicado la vida.

NINETTE.—Lo que te pasa a ti es que en vez de estar contento de llegar a Murcia con una mujer y un niño, tienes mucho más interés en llegar con una faja y con un queso.

ANDRÉS.—Porque ésos son encargos que me han hecho y esto otro no...

NINETTE.—Bueno, no discutamos, que me pongo nerviosa.

ANDRÉS.—Eso, no discutamos.

NINETTE.—¿Y sabes lo que te digo?

ANDRÉS.—¿Qué?

NINETTE.—Que en el fondo estoy muy orgullosa de mis padres. Y que me gustó mucho que reaccionaran así. Yo no comprendo muy bien estas reacciones, pero me gustó. Papá estuvo hecho todo un hombre. Y mamá, también. Y cuando yo tenga a mi hijo, lo defenderé igual.

ANDRÉS.—Entonces, ¿por qué has dicho que no estabas de acuerdo con nada y que te ibas a tirar por la ventana? Es que, de verdad, no hay quien te entienda.

NINETTE.—Dije eso porque me excité con tanto grito. Y porque al principio no comprendí que se armase un jaleo semejante. Ni que te obligasen a casarte conmigo por tan poca cosa. Pero ahora lo he pensado bien, y lo comprendo todo.

ANDRÉS.—Entonces, ¿no te vas a tirar por la ventana?

NINETTE.—Claro que no. Yo quiero vivir muchos años contigo...

ANDRÉS.—En ese caso, si no te vas a tirar por la ventana, yo me voy a dar una vuelta.

NINETTE.—¡Ah! ¡No puedes!

ANDRÉS.—¿Por qué?

NINETTE.—Porque va a venir tu amigo con los encargos...

ANDRÉS.—Pues que me espere...

NINETTE.—Pero se va a enfadar...

ANDRÉS.—¡Pues que se enfade!

> (Y ANDRÉS *se dirige a la puerta de la escalera y la abre y allí está* ARMANDO *que iba a tocar el timbre.*)

ARMANDO.—Hola.

ANDRÉS.—Hola.

NINETTE.—Hola.

ARMANDO.—¿Qué? ¿Hay algo de nuevo?

ANDRÉS.—Nada.

NINETTE.—Todo sigue lo mismo.

ARMANDO.—¿El señor de Albacete ha vuelto?

NINETTE.—No ha vuelto.

ARMANDO.—Vaya, menos mal.

> (Y se sienta en la butaca.)

ANDRÉS.—Bueno, ¿y los encargos?

ARMANDO.—¿Qué encargos?

ANDRÉS.—Pues los que te he hecho.

ARMANDO.—No había.

ANDRÉS.—¿Cómo que no había?

ARMANDO.—No había la faja del número que me encargaste.

NINETTE.—Pero y ¿cómo es eso, monsieur Armand?

ARMANDO.—Pues porque era muy grande y no había un

Gutiérrez, 1928

número tan grande. ¿Pero para quién es esa faja, hombre? ¿Para el canónigo?

ANDRÉS.—Para la señora del regente de mi imprenta.

ARMANDO.—Pues será muy gorda.

ANDRÉS.—Claro que es gorda.

ARMANDO.—Pues como la gente aquí es más delgada, no fabrican ese tamaño.

ANDRÉS.—¡Pues justo porque es gorda es por lo que quiere la faja! ¡Porque si fuese delgada me habría encargado una cosa para engordar!

ARMANDO.—Pues no hay.

ANDRÉS.—(A NINETTE.) ¿No te decía yo que no se le podía encargar nada?

NINETTE.—¡Ah, sí! Es verdad...

ARMANDO.—Es que haces unos encargos muy raros. Porque, vamos, venir a París a comprar una faja, cuando en España usan faja hasta los paletos... Y hasta los toreros. ¿O es que los toreros no usan faja?

ANDRÉS.—Bueno. Está bien. Lo que tú quieras... ¿Y el queso?

ARMANDO.—¿Qué queso?

ANDRÉS.—El «camembert».

ARMANDO.—No lo he traído.

ANDRÉS.—¿Por qué?

ARMANDO.—Porque olía mal.

NINETTE.—Tiene que oler así.

ARMANDO.—Pero este hombre no puede hacer todo el viaje con un queso que huele tan mal.

ANDRÉS.—¡Soy yo el que voy a hacer el viaje y no tú!...

ARMANDO.—Pero a mí eso del queso me parece una tontería.

ANDRÉS.—¡A ti todo te parece una tontería!

ARMANDO.—Pues claro que sí. Y una ordinariez. ¡Mira que volver de París con una faja y con un queso! Vamos, hombre. Ni que volvieses de La Mancha...

NINETTE.—¿Y su billete para el tren?

ARMANDO.—No había.

ANDRÉS.—¿Tampoco?

ARMANDO.—Tampoco. Tengo que volver esta tarde a ver si hay. Si es que aquí no hay de nada. Si ya te lo había dicho yo. Si aquí no se puede venir...

NINETTE.—Andrés.

ANDRÉS.—¿Qué?

NINETTE.—Me voy a vestir y yo iré a comprarte esos encargos, ¿quieres?

ANDRÉS.—Pues claro que quiero. Porque, por lo menos, quedar bien con el regente de la imprenta, vamos, digo yo...

NINETTE.—Pues no te preocupes, que yo voy a comprarlo.

ANDRÉS.—Eso. Y yo voy contigo.

NINETTE.—¡Oh, no! Esto de las fajas no son cosas de hombres. Tú te quedas con monsieur Armand, y yo voy a arreglarme... Anda, siéntate.

> (Y NINETTE *hace mutis por la puerta del pasillo.*)

ARMANDO.—¿Sabes por qué no he comprado ese queso que huele tan mal?

ANDRÉS.—Porque no te ha dado la gana.

ARMANDO.—No. Porque no eres tú el que vas a hacer el viaje con él.

ANDRÉS.—¿Cómo que no?

ARMANDO.—No. Somos los dos. Porque yo me voy a ir contigo.

ANDRÉS.—No puedes.

ARMANDO.—Sí que puedo. Que yo no me quedo aquí en prenda... Que a esta gente la conozco yo... Y he pedido permiso en la oficina y me vuelvo a España. Seis meses.

ANDRÉS.—Pero si no te va a pasar nada... Si yo voy a volver...

ARMANDO.—¿Estás seguro?

ANDRÉS.—Bueno, no. Seguro no estoy. Comprendo que está feo, y que es una canallada, pero seguro no estoy...

ARMANDO.—¿Lo estás viendo?

ANDRÉS.—Por un lado, me gusta Ninette. Pero mucho, ¿sabes? Y la quiero. Pero, por otro lado, esto de tener que casarme... Porque es de las que dominan, ¿sabes? Y me va a tener en un puño, que lo estoy ya viendo... Que es francesa y que se las sabe todas... Y ya verás en casa. Muy femenina y muy mona, pero va a ser un gendarme.

ARMANDO.—¿Y los padres qué dicen?

ANDRÉS.—Se han ido por la mañana muy temprano y no han vuelto.

ARMANDO.—¿Pero se les ha pasado ya el enfado?

ANDRÉS.—Qué va... Están hechos unos energúmenos. Y al verme hoy me han dicho una cosa en francés que yo no he entendido, pero que debe de ser una burrada. Y yo creo que antes de que me vaya, estos tíos me pegan. Que no sabes qué cara tienen...

> *(La puerta de la escalera se ha abierto. Y en ella aparece* BERNARDA *muy sonriente.)*

BERNARDA.—¿Se puede?

ANDRÉS.—*(Extrañado.)* Sí, claro.

> (BERNARDA *se vuelve a la escalera.)*

BERNARDA.—Pasa, Pierre, que se puede entrar.

(Y entra PEDRO, también muy son-
riente.)

PEDRO.—Buenas tardes.

ARMANDO y ANDRÉS.—Buenas tardes.

BERNARDA.—¿Qué? ¿Qué tal están ustedes?

ARMANDO.—Pues muy bien... Ya ve... Muchas gracias...

PEDRO.—Y ¿qué? ¿Han descansado?

ANDRÉS.—Pues sí, sí...

PEDRO.—*(A ARMANDO.)* ¿Usted también?

ARMANDO.—También, también.

BERNARDA.—¿Y Ninette? ¿Está ya más tranquila?

ANDRÉS.—Sí; ahora ha ido a su cuarto, a vestirse...

PEDRO.—Eran nervios, y nada más que nervios...

BERNARDA.—Cosas de chicas... ¡Bah, bah, bah!

PEDRO.—Bueno, pues tenemos que darles una gran
alegría.

ANDRÉS.—¿Ah, sí?

BERNARDA.—Siéntense, siéntense...

ARMANDO.—Gracias.

(Y se sientan en las sillas.)

PEDRO.—No; en el sofá estarán muy cómodos... *(Y AN-*
DRÉS y ARMANDO se cambian al sofá. Se sientan los cuatro.)
Y bien. ¿Usted no ha tomado todavía el billete para
España?

ANDRÉS.—Pues no.

ARMANDO.—Yo he ido a buscarlo, pero no había, y me
han dicho que vuelva más tarde, a ver si hay.

PEDRO.—Pues no lo saque. No es necesario.

ANDRÉS.—¿Ah, no?

PEDRO.—No, señor. Anoche hicimos un melodrama de
todo esto, y verdaderamente la cosa no es para tanto. Y en
vista de eso hoy hemos ido al Consulado de España.

ANDRÉS.—¿Para qué?

PEDRO.—Hace algún tiempo yo hice gestiones para saber si podía volver. Por curiosidad solamente, ¿eh? Pero las hice. Y resulta que me dijeron que podía volver cuando quisiera, cosa que me chinchó bastante, porque yo creía que me tenían más miedo.

BERNARDA.—Y si no hemos vuelto ha sido porque no nos ha dado la real gana.

PEDRO.—Porque hay cosas que yo no tolero, ¿eh? Y, si vuelvo, me van a oír.

ARMANDO.—Sí, señor...

BERNARDA.—Pero ahora sí que nos apetece volver.

ANDRÉS.—Y ¿cómo es eso?

PEDRO.—Porque lo que me ha contado usted de Murcia me gusta mucho. Pero que mucho, mucho. Y yo soy un buen mecánico y puedo trabajar allí. Y Bernarda también, porque allí hay mucha verdura.

ARMANDO.—¡Hombre! ¡La huerta murciana tiene fama en el mundo! ¡Y qué lechugas hay!

PEDRO.—Pues por eso hemos pensado que nos vamos a ir todos juntos y que se casen ustedes allí, ¿eh? ¿Qué les parece? ¿Es bueno?

ANDRÉS.—Pues no sé qué decirle...

ARMANDO.—Pero ¿cómo que no sabes, hombre? Pero si lo que te proponen es fenomenal. La familia reunida, como debe ser. Pero si debías estar encantado... Pero si tienes unos suegros adorables...

ANDRÉS.—Bueno, oiga; pero ¿y la política?

PEDRO.—Mire usted, en esto de la política, como en todo, lo que hay que hacer es aguantarse. Y hay que olvidar la política cuando se trata de una hija.

ARMANDO.—Sí, señor...

BERNARDA.—Y ella allí y nosotros aquí... No, no. Queremos estar con ella.

PEDRO.—Y hemos sacado los billetes para mañana en el rápido. Nos iremos los cuatro juntos, que es mejor. Y el piso éste se lo vamos a dejar a uno de nuestros amigos...

ANDRÉS.—¿Al de Albacete?

PEDRO.—A ése, a ése. Con fotografías y todo. Y si su casa de Murcia es grande, viviremos con usted. Y si no, ya encontraremos otro sitio cerca.

BERNARDA.—Así es que esta tarde nos dedicaremos a hacer el equipaje y esta noche iremos a dar una vuelta por París, como despedida.

PEDRO.—Veremos todo. Y monsieur Armand nos acompañará.

ARMANDO.—Yo no sé si podré.

PEDRO.—Está usted invitado.

ARMANDO.—Entonces, sí podré.

BERNARDA.—Claro, que ahora, sólo hay un problema...

ANDRÉS.—¿Otro?

BERNARDA.—Sí. Que Ninette acepte todo esto. Porque usted no la conoce.

PEDRO.—Y es tan rara. Y tiene un carácter...

BERNARDA.—Ahora vamos a ir a hablar con ella. ¿Un beso, Andrés?

ANDRÉS.—No faltaba más...

(Se besan.)

PEDRO.—Otro beso, hijo.

ANDRÉS.—Sí, padre.

(Se besan.)

PEDRO.—*(A* ARMANDO.*)* Usted otro, señor. *(Y le besa.)* Hasta ahora...

BERNARDA.—Hasta ahora.

>   (Y BERNARDA y PEDRO *hacen mutis por
>   la puerta del pasillo.*)

ANDRÉS.—Oye.

ARMANDO.—¿Qué?

ANDRÉS.—¿Dónde te puedo ver dentro de un rato?

ARMANDO.—¿Por qué?

ANDRÉS.—Porque yo no aguanto esto. Y porque me voy a escapar.

ARMANDO.—Ya no puedes.

ANDRÉS.—Pero ¿cómo voy a vivir yo en Murcia con toda esta gente? ¿Pero tú no comprendes que yo vendo catecismos en la papelería? ¿Qué es lo que va a pensar de mí la clientela? Que tengo que escaparme, de verdad...

ARMANDO.—Pero ¿y cómo?

ANDRÉS.—¿Dónde vas a ir ahora?

ARMANDO.—A mi casa.

ANDRÉS.—No. Espérame en el bar de enfrente y yo iré a reunirme contigo dentro de un rato. Y planearemos todo.

ARMANDO.—Pero eso es una tontería. Pero si lo puedes pasar muy bien con la familia. Si son muy simpáticos. Y además nos van a convidar esta noche.

ANDRÉS.—¿Quieres marcharte de una vez? Y ya sabes: dentro de diez minutos voy a buscarte.

ARMANDO.—Bueno. Adiós.

>   (Y *le da un beso.* ANDRÉS *otro. Y* AR-
>   MANDO *hace mutis.* ANDRÉS *cierra la
>   puerta y se dirige al público.*)

ANDRÉS.—No le pude ir a buscar ni a los diez minutos, ni a los veinte, ni en ningún momento, porque me tuve que pasar toda la tarde ayudando a la familia a hacer el equipaje, ya que, a la mañana siguiente, salíamos para

España en el primer tren. Y, poco a poco, fue llegando la noche... *(Efecto de noche. La escena sólo queda iluminada por la luz del pasillo y la de la pantalla que hay sobre la mesa y que ahora se ha encendido.)* ... Esa hora maravillosa en que yo lo pasaba tan bien en Murcia, y tenía libertad para todo... Y cuando cerraba la papelería salía a la calle a respirar, y me iba al café a hablar con mis amigos, de mujeres..., de aventuras..., de planes..., de amor... Y hablando de eso éramos felices... Bueno. La que más tardó en arreglar sus cosas fue Ninette...

> *(Y por la puerta del pasillo aparece* NINETTE *con unas prendas de vestir en la mano. Ahora lleva un bonito vestido.)*

NINETTE.—¿Tienes ya cerrada tu maleta, Andrés?

ANDRÉS.—Hace ya dos horas.

NINETTE.—Pues ábrela otra vez a ver si te cabe esto. Porque en la mía ya no cabe nada.

ANDRÉS.—¡Pero si ya has metido tres vestidos y el secador!

NINETTE.—Anda, no discutas y ve a buscarla.

ANDRÉS.—Bueno, voy.

> *(Y* ANDRÉS *hace mutis por la habitación de la derecha mientras* NINETTE *abre la ventana por la que vemos las luces de París.)*

NINETTE.—¿Sabes una cosa?

ANDRÉS.—*(Dentro.)* No.

NINETTE.—Que me gusta que nos vayamos todos juntos a España. Así no te encontrarás tan solo como estás.

ANDRÉS.—*(Dentro.)* Claro, claro...

NINETTE.—No están bien los hombres solteros y sin familia y con una maleta para ellos solos. Eso es muy feo.

(ANDRÉS *sale con su maleta, que pesa*
mucho. Se ha cambiado su chaqueta de
casa por la de calle.)

ANDRÉS.—Aquí está la maleta. Y mete también esto.

(*Y le da su chaqueta de casa.*)

NINETTE.—Pues abre la maleta. ¿Qué haces que no la abres?

ANDRÉS.—Perdona. (ANDRÉS *abre la maleta.*) Ya está abierta. Anda, mete todo eso y date prisa.

NINETTE.—Y ¿por qué tanta prisa, cariño?

ANDRÉS.—Pues porque nos están esperando tus padres en el bar, para dar ese paseo por París.

NINETTE.—¡Oh, qué horror! Con las cosas que me quedan por hacer todavía, y tener que salir ahora...

ANDRÉS.—Supongo que no irás a arrepentirte.

NINETTE.—¿Por qué no te vas tú con ellos y yo me quedo aquí terminando esto que falta?

(NINETTE, *mientras habla, ha ido me-*
tiendo en la maleta todas las prendas.)

ANDRÉS.—No me voy a ir solo con tus padres.

NINETTE.—Va también Armando. Ha telefoneado que nos espera.

ANDRÉS.—Pero yo quiero que vengas tú. Si no, no me divierto.

NINETTE.—¿No?

(*Y va hacia él y le abraza, mimosa.*)

ANDRÉS.—No.

NINETTE.—Te quiero, Andrés.

ANDRÉS.—(*Inquieto.*) ¿Ah, sí?

NINETTE.—Y me da tanta lástima desperdiciar por ahí esta última noche...

ANDRÉS.—No es desperdiciarla. Es ver esas cosas que hay que ver. Y ya que no voy a llevarme la faja...

NINETTE.—¿Y si encuentras por ahí otra francesa que te guste más? Las mujeres francesas son muy atractivas. Y yo soy muy celosa, ¿sabes? Y por eso no he querido nunca que salieras.

ANDRÉS.—No creo que ya... a última hora...

NINETTE.—*(Mirando a la derecha.)* Y esa habitación tiene tantos recuerdos para nosotros...

ANDRÉS.—Eso sí que es verdad...

> *(En el tocadiscos de la vecindad se oye una melodía muy francesa interpretada con acordeón.)*

NINETTE.—*(Ilusionada.)* ¿Oyes?

ANDRÉS.—¿Qué?

NINETTE.—La acordeón... Le piano du pauvre...

ANDRÉS.—*(También ilusionado.)* El París canalla, ¿no?

NINETTE.—Sí. ¿Bailamos?

ANDRÉS.—¡Si tú quieres...!

NINETTE.—Sí, André. (NINETTE *apaga la luz de la pantalla y la habitación sólo queda iluminada muy débilmente por la luz que entra de la alcoba. Y los dos empiezan a bailar.)* C'est la musique de les amoureux... De le vrai homme, et de le vrai femme... Du peuple... De le bal de París...

ANDRÉS.—No te comprendo una palabra, pero me gustas, me gustas cuando hablas en francés...

> *(Ahora NINETTE, mientras siguen bailando, echa el cerrojo de la puerta de la escalera. ANDRÉS comprende su intención. Y NINETTE dice, muy dulcemente, y muy seductora.)*

NINETTE.—Toujours, mon amour, si tu veux, je parlerai français pour toi...

> (ANDRÉS, *al pasar bailando cerca de la ventana, mira la calle de París por última vez.* NINETTE *le va llevando hacia la habitación de la derecha.*)

ANDRÉS.—¿Qué decías?

NINETTE.—Decía que ni en español ni en francés, tú nunca me comprenderás del todo... Pero no importa, porque de todos modos, je t'aime...

ANDRÉS.—Y yo...

NINETTE.—Je t'aime...

ANDRÉS.—Y yo...

NINETTE.—Je t'aime...

ANDRÉS.—Y yo...

> (*Y siempre bailando con la música de acordeón, entran en la habitación de la derecha y cierran la puerta, mientras va cayendo el telón.*)

TELÓN

ÚLTIMOS TÍTULOS PUBLICADOS
EN COLECCIÓN AUSTRAL